Boule / Pétanque

Für Einsteiger

Bibliografische Information der Deutschen Nationalbibliothek.
Die Deutsche Nationalbibliothek verzeichnet diese Publikation in der Deutschen Nationalbibliografie; detaillierte bibliografische Daten sind im Internet über http://dnb.d-nb.de abrufbar.

ISBN 978-3-940395-10-8

3. Auflage 2024 - überarbeitete Neuauflage

Satz und Einbandgestaltung : Isotrop Verlag
Bilder und Abbildungen : Peter Latsch
Illustrationen : Katharina Westrup

Peter Latsch

Boule / Pétanque für Einsteiger

Einblicke und Grundlagen des Boule - Sports

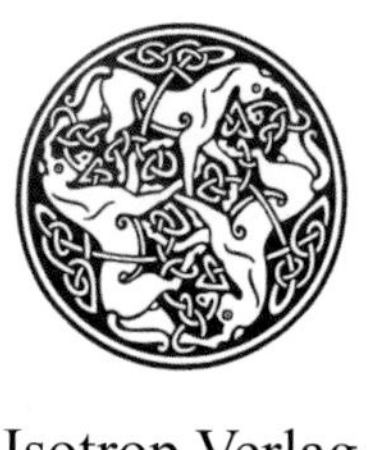

Isotrop Verlag

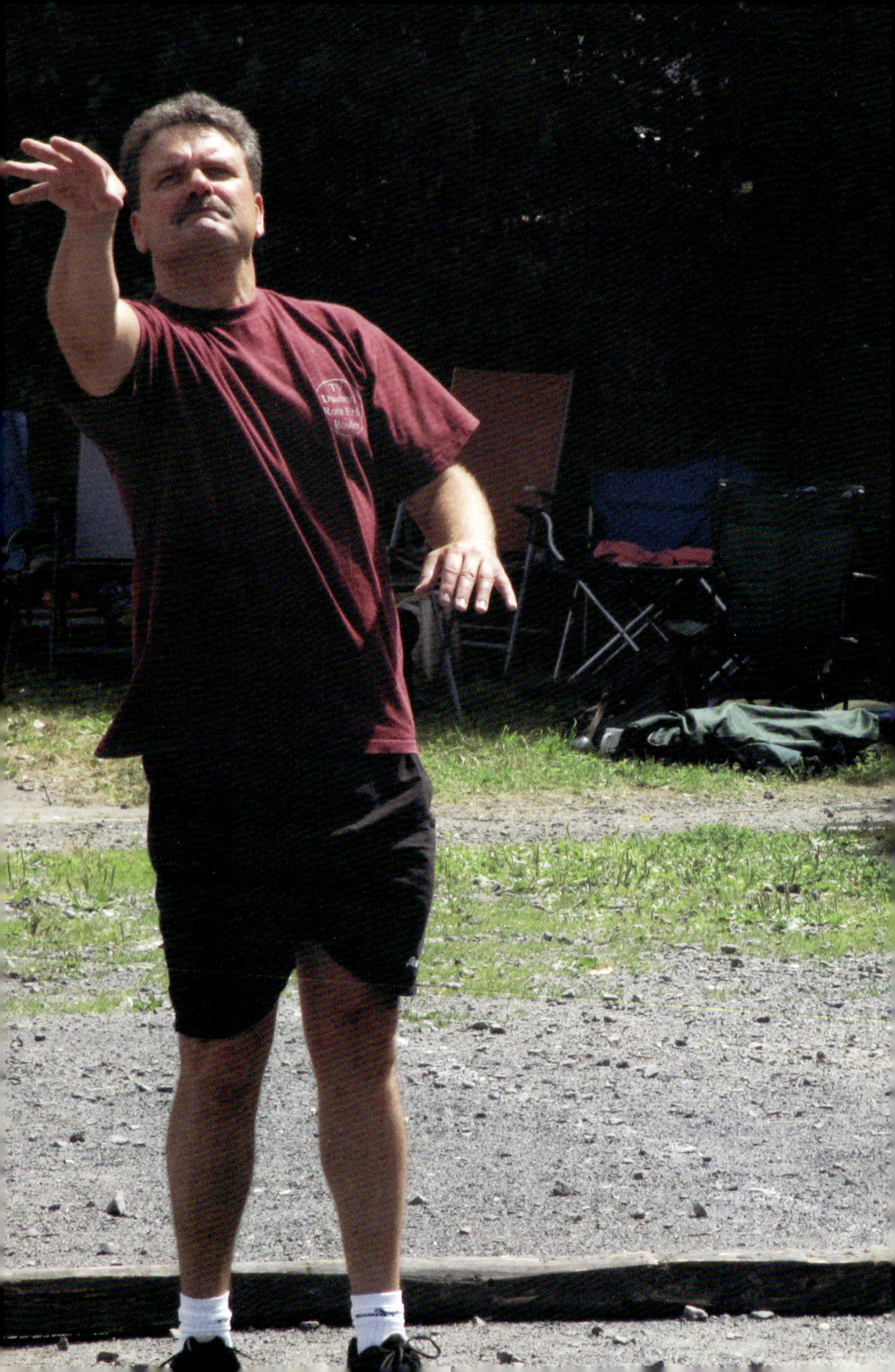

Inhalt

Einführung

Je einfacher die Grundidee des Spiels, desto schwieriger und vielfältiger ihre Umsetzung. Was erst einmal einfach aussieht, entpuppt sich schnell als Aufgabe mit vielen Tücken und taktischen Raffinessen. Angefangen von den immer unterschiedlichen Böden bis hin zum Faktor Können und Glück, oder Pech.

Jedes Spiel ist anders, mit neuen Aufgaben und Entscheidungen was zu machen ist um die Lage seiner Kugeln zu verbessern. Das kann gerade in der Diskussion im Team sehr interessant werden - drei Leute, drei Meinungen? Ist alles geklärt, geht es an die Umsetzung. Die Zielvorgabe ist ja denkbar einfach, eine der eigenen Kugeln näher zur Zielkugel bringen - ok. Jetzt ist der Spieler auf sich alleine gestellt, muss sich auf den Wurf konzentrieren, den richtigen Weg finden, seine Gedanken trotz des aufsteigenden Adrenalinspiegels fokussieren und dann alles in eine Bewegung umsetzten. Der Erfolg ist kurz danach sichtbar, oft auch hörbar. Entweder im satten Geräusch aufeinander treffender Kugeln, oder im Kommentar der Mitspieler. Gar nicht so schlecht - gute Richtung - perfekte Länge, sind übliche und vor allem wohl tröstende Worte als Zuspruch aus dem Team, für die nicht so perfekte Kugel, zur eigenen Motivation und der der Mitspieler.

Für den aussenstehenden, interessierten Zuschauer ist alles nur ein scheinbar lockeres, entspanntes Spiel. Er ahnt nicht, was sich während einer Partie, neben den offensichtlichen Problemen mit der jeweiligen Anordnung der Kugeln auf dem Platz, unterschwellig noch so alles tut. Neben der rein technischen Umsetzung im Handling mit den Kugeln, läuft oft ein psychologischer Krimi parallel mit. Da gilt es nicht nur mit dem eigenen Stress und den Ansprüchen an sich selbst fertig zu werden, seine Form- und Motivationskrisen zu überdauern und dem Gegner gegenüber zu kaschieren, sondern auch die Höhen und Tiefpunkte wegzustecken, den Gegner und sich selbst zu beobachten,

analysieren und einzuschätzen. Gleichzeitig immer bestrebt sein, äusserlich cool und überlegen zu wirken und das Bewusstsein beizubehalten, dass die Partie zu gewinnen ist. Beim Stand von 0:12 wird das verständlicher weise schon schwieriger.
Dann gibt es Gegner, die sehr geschickt darin sind die möglichen, psychologischen Freiräume des Spieles auszunutzen, oder zu zelebrieren und manchmal dabei die Grenzen der Fairness oder des guten, sozialen Umgangs bewusst oder unbewusst zumindest erreichen. So eine Partie wir dann oft mehr im Kopf der Beteiligten entschieden als nach dem eigentlichen, technischen Vermögen der Akteure. Aber auch gerade dies macht den Reiz des Boule Sports mit aus. Nicht nur einfach der Schnellste oder Geschickteste zu sein, nein das ist nicht unbedingt das Ausschlaggebende, hier wird mit allen Nuancen gespielt.
Boule ist, egal wie man es auch spielt immer ein Triplette aus Motorik, Kommunikation und Psychologie.

Boule oder Pétanque?

Boule heißt auf Deutsch übersetzt schlicht und einfach "Kugel". Deshalb ist die deutsche Bezeichnung “Boulekugel“ eigentlich recht unsinnig, was mich aber nicht davon abhält hier im Buch primär den Begriff Boule zu verwenden. Das Wort an sich fühlt sich schon rund und passend an.
Die Bezeichnung "Boule" ist im deutschen Sprachraum geläufiger und hat sich allgemein durchgesetzt. Auch die Unterscheidung von Boule-Hobby-Spielern und Pétanque-Profi-Spielern ist eigentlich ähnlich der “Boulekugel“

Ich bitte es mir im Voraus zu entschuldigen, dass ich, der einfach besseren Lesbarkeit geschuldet, in den Texten ausschließlich Boule Spieler, Schiedsrichter etc. verwende und nicht die eigentlich richtige Version Spieler/in, Schiedsrichter/in etc.

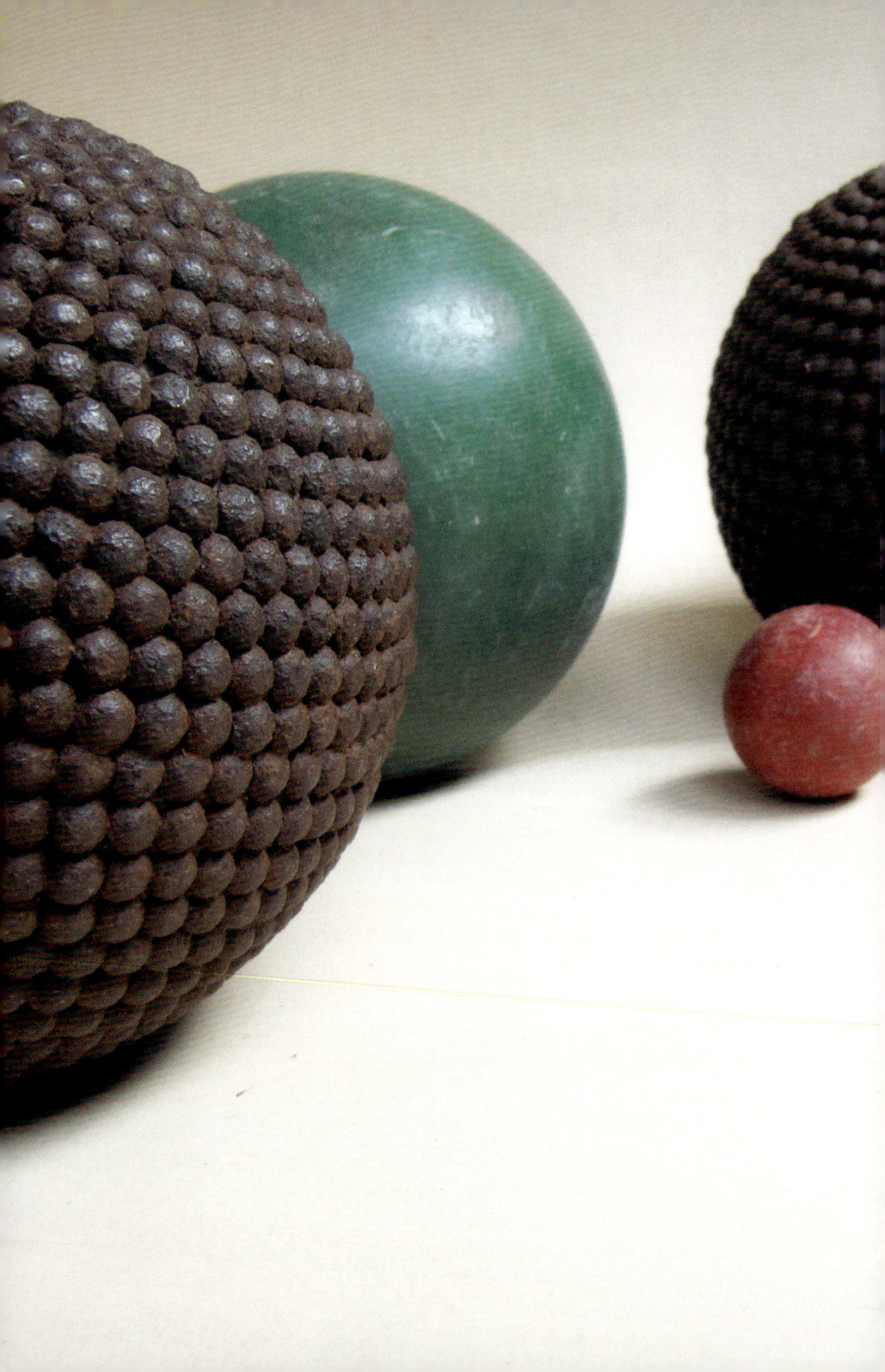

Vorgeschichte

Mit Sicherheit kann man davon ausgehen, das Spiele mit einer Kugel, oder Geschicklichkeitsspiele die auf möglichst genauem Werfen basieren, schon in der Frühzeit der Menschheit gespielt wurden. In der Antike waren sie bei den Römern und Ägyptern verbreitet. So lässt sich die Geschichte des Kugelspiels bis zum Jahr 460 v. Chr. zurück verfolgen. In Frankreich lässt sich das Boule-Spiel anhand seiner Verbote ab 1319 nachweisen. 1894 wird das erste Turnier im Boule Lyonaise ausgetragen. Dies ist eine komplizierte, bewegungsreiche und viel Training erforderliche Boule-Variante, die auf speziellen Bahnen gespielt wird. Boule parisienne ist 1900 olympische Disziplin. In der Provence entwickelt sich Jeu Provençal. Gelegt wird mit einem Ausfallschritt und mit 3 Schritt Anlauf auf einem Bein geschossen. Gespielt wurde mit Nägel beschlagenen Buchsbaumkugeln von ca. 11 cm Durchmesser und einem Gewicht um 1100 Gramm. Diese Boule - Varianten sind mit dem aus Italien stammenden Boccia Spiel verwandt. Boccia ist seit 1984 eine paralympische Sportart, die auf speziell präparierten, absolut ebenen Bahnen mit Kugeln von 107 mm Durchmesser und einem Gewicht von 920 gr. gespielt wird.

„Erfindung“ des Pétanque

Das erste Pétanque-Spiel fand im Jahre 1907 im südfranzösischen Ort La Ciotat in der Nähe von Marseille statt. Es wurde aus der Not geboren, da ein guter und leidenschaftlicher Spieler namens Jules Le Noir, vom Rheuma geplagt, die teils akrobatischen Würfe und die drei Schritte Anlauf beim Jeu Provençal nicht mehr machen konnte. Sein Freund Ernest Pitiot erfindet daraufhin ein Spiel auf kürzere Entfernung und ohne Anlauf. Von einem Kreis auf dem Boden aus wird im Stand, mit geschlossenen Füßen gespielt. Daher leitet sich der Name der Sportart ab. Die Bezeichnung für „geschlossene/sich tangierende Füße“ heißt auf französisch *pieds tanqués*, auf provenzalisch *ped tanco*. Nach und nach wurden die Regeln dieser neuen Spielart entwickelt und 1910 wurde der erste offizielle Wettbewerb durchgeführt. Das Pétanque tritt im Gegensatz zu allen anderen Boulespielarten einen raschen, weltweiten Siegeszug an. Dafür ausschlaggebend waren wohl die einfachen Regeln, der geringere Anspruch an die körperliche Konstitution der Spieler und die Möglichkeit Pétanque auf jedem Boden spielen zu können. 1945 wird die Fédération Française de la Pétanque et du Jeu Provençal gegründet. Nach Deutschland fand das Boule Spiel über Bad Godesberg, Saarlouis und Freiburg. Heute gibt es in Deutschland mehr als 600 Vereine und mindestens eine Million Freizeitspieler. Das Boule- oder Pétanquespiel erfreut sich steigender Beliebtheit. Viele Gemeinden lassen aufgrund der Nachfrage Plätze anlegen. Die Vereine suchen und finden neue Areale und Gebäude, in denen auch im Winter etwas komfortabler gespielt werden kann. Pétanque ist ein Sport, der von Menschen jeden Alters gespielt werden kann, auch von solchen, die körperlich oder geistig beeinträchtigt sind. Die Regeln sind sehr einfach und verständlich. Besondere Kraft ist nicht nötig, es geht nicht darum, wer am weitesten kommt; so können alle miteinander spielen. Das Material ist einfach und nicht teuer, ein Platz findet sich überall.

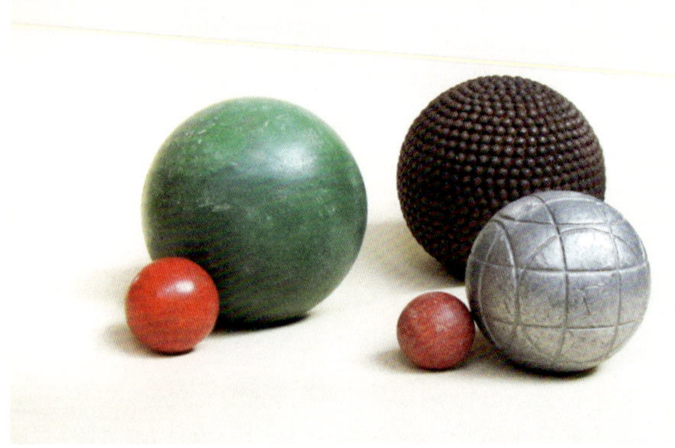

Antike, genagelte Pétanque Kugel Bocciakugle und neue Stahlkugel.

Boule Kugeln

Die Kugeln sind das Einzige, was man wirklich zum Boule spielen braucht – und einen Platz natürlich. Den gibt es aber eigentlich überall zum Nulltarif und was noch fehlt, sind einige Mitspieler damit es losgehen kann.

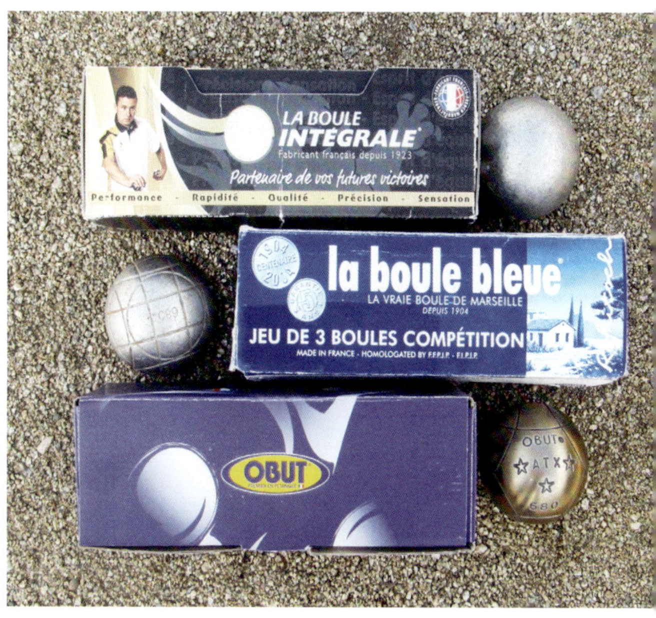

Die drei bekanntesten französischen Hersteller

Einen Satz passender Kugeln, mit drei Stück, kann man sich schon ab ca. 60.- € kaufen. Billigversionen aus dem Großmarkt tun es zwar zur Not auch erst einmal, aber man wird schnell merken, dass sich mit einem Satz Markenkugeln besser spielen lässt, sie oftmals schwerer sind und nicht nach ein paar Spielen und Treffern wie eine Mondlandschaft aussehen. Wenn sie einen Verein in der Nähe haben, gibt es dort meist Kugeln zum Ausleihen, oder auch gebrauchte von einem Vereinsmitglied bestimmt preiswert zu erstehen.

Sich gleich am Anfang mit exklusiven Wettkampfkugeln einzudecken ist auch nicht unbedingt sinnvoll, da es seine Zeit braucht bis man sich für die richtigen, eigenen Kugeln entscheiden kann. Die passende Größe der Kugel lässt sich noch relativ einfach ermitteln; glatt oder mit Relief ist vorab erst einmal eher Geschmackssache, oder man wählt ein Muster, das es im Umfeld noch nicht gibt um seine eigenen Kugeln besser von anderen auseinanderhalten zu können. Die passende Gösse der Kugel ist das wichtigste und ausschlagebenste Element zur richtigen Kugel. Alle anderen Faktoren sind untergeordnet. Die zu einem passende, richtige Härte der Kugel wird sich erst im Lauf der Zeit herausstellen, wenn man so langsam eher zum Leger tendiert, oder sich zum Schiesser oder Millieu entwikkelt. Dann gibt es da noch die unterschiedlichen Gewichte der Kugeln. Alle Kugeln der namhaften Hersteller kann man mit einen Gewicht von 650 bis 800 Gramm bekommen. Auch hier spielt die Position des Spielers die ausschlaggebende Rolle. Leger bevorzugen schwerere, kleinere Kugeln, eher auch mit Riffelung. Warum das ? Ganz einfach, kleinere Kugeln werden weniger gut vom gegnerischen Schiesser getroffen, auch schwerere sind nicht so einfach von ihrem Platz zu befördern als leichte und eine Riffelung kann sich beim Wurf unter Umständen besser im Untergrund verhaken und so mehr Effet mitnehmen. Analog gilt für Schiesser, größere Kugeln treffen eher, mit leichteren Kugeln lässt sich besser schießen und glatte Kugeln gleiten besser aus der Hand. Der einzusetzende Kraftaufwand ist geringer und damit die Präzision grösser. Außerdem ist es nicht so einfach mit z.B. einer 760 Gramm Kugeln auf 10 oder mehr Meter zu schießen. Probieren sie das mal aus, und man erfährt einmal wie groß selbst der Unterschied zwischen 680 und 730 Gramm ist – und das dann erst bei einem ganzen, langen Turniertag.

Ähnliches gilt für deren Härte. Diese kann zwischen einem Härtegrad von 100kg/mm^2 und 140kg/mm^2 variieren. Dabei bevorzugen Spieler, die sich auf das Legen spezialisiert haben, härtere Kugeln, wohingegen Spieler, die sich eher auf das Schießen konzentrieren, meist weichere Kugeln bevorzugen. Auch das ist nachvollziehbar. Der Härtegrad der Kugeln spielt eine wichtige Rolle, da von ihm die Laufeigenschaften der Kugeln und das Verhalten der Kugeln bei einem Schuss beeinflusst wird. Weiche Kugeln sind am Auftreffpunkt elastischer und können so mehr des Bewegungsimpulses übertragen. Deshalb werden besonders weiche Kugeln oft als spezielle Schusskugeln angeboten. Diese Kugeln bleiben besser nach einem Treffer liegen und führen somit zu einer besseren „Carreau-Quote“ als harte Kugeln. Harte Legerkugeln sollten zwar eigentlich an Unebenheiten eher wegspringen, da kommt aber der Faktor ihres höheren Gewichts mehr zum Tragen. Sie haben einen besseren und stabileren Gesamtlauf und sie verspringen beim Auftreffen auf den Boden Aufgrund ihres höheren Gewichts weniger. Der Millieu Spieler im Triplette wird sich Kugeln aussuchen, die in allen Kriterien im mittleren Spektrum liegen. Er muss ja beides, legen und schießen.

Die erst mal so gleich aussehenden Kugeln haben es im wahrsten Sinne des Wortes in sich. Das gilt im Besonderen für einige Billigkugeln, die mit Sand oder Zement gefüllt sind, um Metall zu sparen.

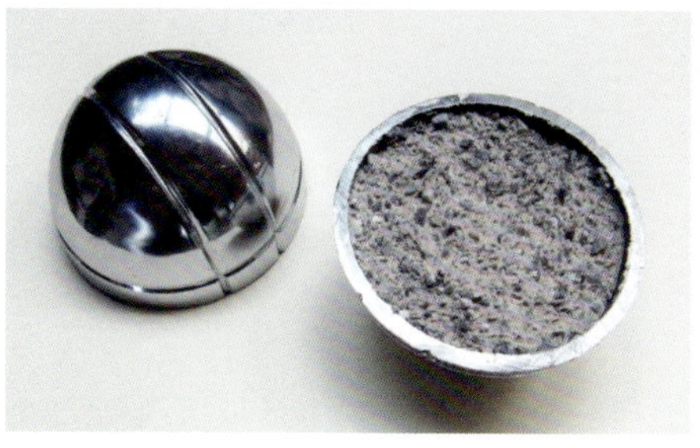

Billigkugel mit Zementfüllung

Wettkampfkugeln sind aus Metall, die gemäß den internationalen Wettkampfregeln zwischen 650 und 800 Gramm wiegen und einen Durchmesser zwischen 70,5 und 80,0 mm haben müssen. Darüber hinaus müssen Wettkampfkugeln eine Gravur tragen, die das Gewicht und eine eindeutige Kennzeichnung angibt. Nur ein weltweit einziger Satz von jeweils drei Kugeln trägt die gleiche Gravur. So ist jeder Satz Wettkampfkugeln ein unverwechselbares Unikat.

Hersteller von guten Kugeln werden vom internationalen Verband als Hersteller von gültigen Wettkampfkugeln zugelassen. Je nach Geschmack des Spielers können die Kugeln gefräste Rillen aufweisen oder eine glatte Oberfläche haben. Außerdem sind individuelle Gravuren erlaubt – meist der Name, oder die Initialen des Spielers.

Die Metropole der französischen Kugelhersteller zählt gerade mal 2000 Einwohner und liegt mitten im tiefsten Frankreich. In Saint-Bonnet-le Château produziert das Familienunternehmen Obut 300.000, teils luxuriöse Kugeln pro Jahr - und deckt damit 70 Prozent des Weltmarkts ab.

Bei Obut kostet ein Spiel-Set mit drei Kugeln bis zu 320 Euro. Dafür sind sie aber aus rostfreiem Stahl und können mit individuellen Gravuren verziert werden.

Eigenschaften der zugelassenen Kugeln

Pétanque wird mit Kugeln gespielt, die von der F.I.P.J.P. zugelassen sind und folgenden Eigenschaften entsprechen:

1. Sie müssen aus Metall sein.

2. Einen Durchmesser zwischen 7,05 cm (Minimum) und 8 cm (Maximum) haben.

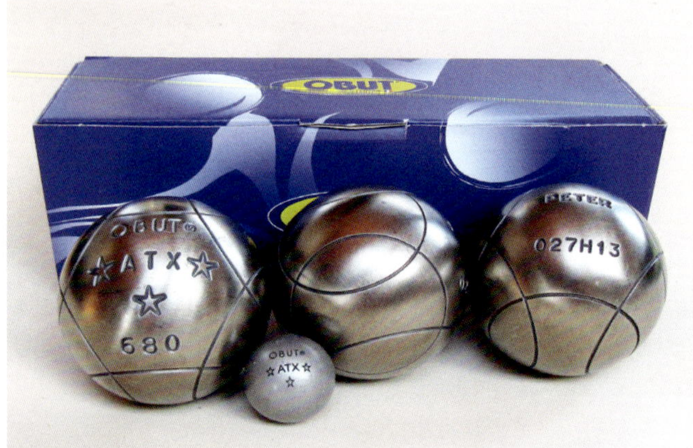

Obut ATX

mit Angabe des Gewichtes, der Seriennummer und einer persönlichen Gravur

3. Ein Gewicht zwischen 650 Gramm (Minimum) und 800 Gramm (Maximum) besitzen; Logo (Marke des Herstellers) und Gewichtsangabe müssen auf den Kugeln eingraviert und immer lesbar sein. Bei Wettkämpfen, bei denen lediglich 11 Jahre alte und jüngere Jugendliche startberechtigt sind dürfen Kugeln mit einem Gewicht von 600 Gramm und einem Durchmesser von 65 mm eingesetzt werden; vorausgesetzt, sie wurden mit einem zugelassenen Logo hergestellt.

4. Sie dürfen weder durch Hinzufügen von Metall noch durch Einbringen von Sand verändert worden sein. Generell dürfen die Kugeln nach der Fertigstellung (nur durch zugelassene Hersteller) auf keine Art gefälscht und keiner Verformung oder Veränderung unterzogen werden. Insbesondere darf die vom Hersteller vorgegebene Härte durch nachträgliches Ausglühen nicht abgeändert werden. Name und Vorname oder die Initialen des Spielers dürfen jedoch nachträglich eingraviert werden sowie verschiedene Logos und Abkürzungen gemäß dem Leistungsverzeichnis („Cahier de Charges") zur Herstellung von Kugeln.

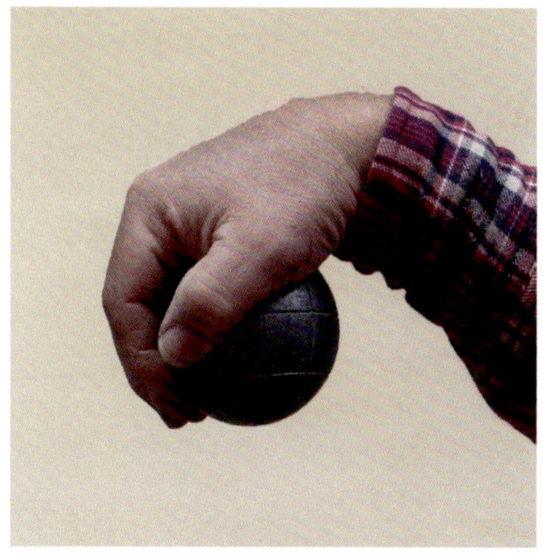

Die passende Größe der Kugel

Eine Kugel, die gut in der Hand liegt, ist zum Legen eher geeignet, wenn die Fingerkuppen ein wenig über den Kugeläquator hinausgehen. Reichen Sie gerade bis zur maximalen Wölbung, dann sollte man die Kugel eher zum Schießen verwenden.

Gemessen wird zur Bestimmung der Kugelgröße die Strecke von der ersten Handfalte am Handgelenk bis zur Fingerkuppe des Mittelfingers.

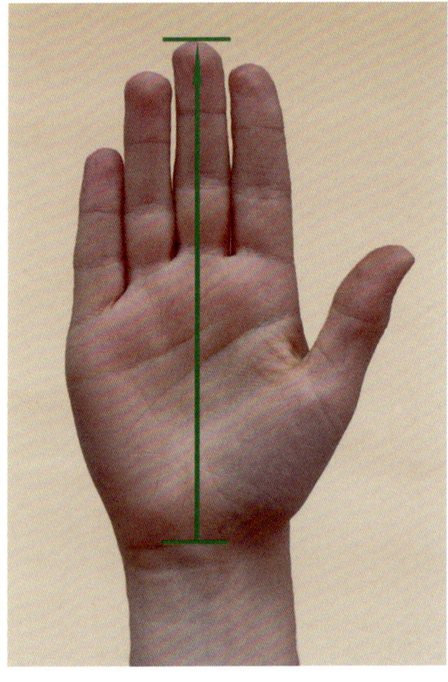

Anhand der Tabelle können Sie ablesen, welche Kugelgröße für Sie in Frage kommt. Alle Angaben sind als Empfehlung zu betrachten. Individuelle Abweichungen von den hier empfohlenen Größen durch z. B. breite Handflächen, sind durchaus möglich.

Abstand	-	Durchmesser
14 cm	-	71 mm
15 cm	-	71 mm
16 cm	-	72 mm
17 cm	-	73 mm
18 cm	-	73 mm
19 cm	-	74 mm
20 cm	-	75 mm
21 cm	-	76 mm
22 cm	-	76 mm
23 cm	-	77 mm
24 cm	-	77 mm
25 cm	-	78 mm

Schiesser suchen sich meist Kugeln mit ein bis zwei Millimeter größerem Durchmesser aus.

Das Gewicht der Kugeln sollte zwischen 680 und 720 Gramm ausgewählt werden, wobei Leger meist schwerere Kugeln bevorzugen, der Schießer eher mit etwas leichteren spielt. Schwerere Kugeln laufen stabiler und die möglichen 50 gr. Gewichtsdifferenz machen sich beim Schießen extrem bemerkbar. Zu viel Krafteinsatz vermindert die Präzision, abgesehen vom Ermüdungsfaktor bei einem Turniertag oder langem Schusstraining.

Die Auswahl der Kugel hängt aber auch von den individuellen Wurftechniken ab, ob Frau bzw. Mann mit leichteren oder schwereren Boules besser klar kommt. Ausprobieren ist der einzige Weg, bis man diejenigen Kugeln findet, die sich richtig anfühlen. Kaufen sie also nach Möglichkeit nie eine Kugel, ohne sie vorher in die Hand genommen zu haben.

Am Anfang kann man sich meist einen Satz Kugeln ausleihen, oder ersteht einen gebrauchten Satz Wettkampfkugeln von Mitspielern. Im Lauf der Zeit kann man andere Kugeln ausprobieren. Etwas schwerer / leichter, andere Größe, mit oder ohne Riffelung, hart oder weicher. So kommt man durch Ausprobieren seinen optimalen Kugeln immer näher.

Für viele ist auch die optische oder fühlbare Oberfläche einer Kugel beim Kauf ein zu berücksichtigendes Argument. Möchte man eine Kugel aus Kohlenstoff-Stahl, die feinen Rost ansetzt ? Viele Spieler schwören darauf, da mit der Zeit eine Patina entsteht, die den Kontakt zwischen Kugel und Hand optimal herstellt und so viel griffiger wird. Karbonstahl oxydiert durch die Feuchtigkeit der Hände und die Kugel nimmt eine dunklere Färbung an. Es gibt rostfreie, Inox genannte Kugeln und teure, gegossene Kugeln aus einer Bronzelegierung die beim Zusammenprall glockenhell klingen, sich aber schneller abspielen. Diese Kugeln aus Bronzelegierung sind auch für Allergiker geeignet.

Sind die Einprägungen der Kugeln nicht mehr lesbar, sind sie für den Wettkampf nicht mehr zulässig.

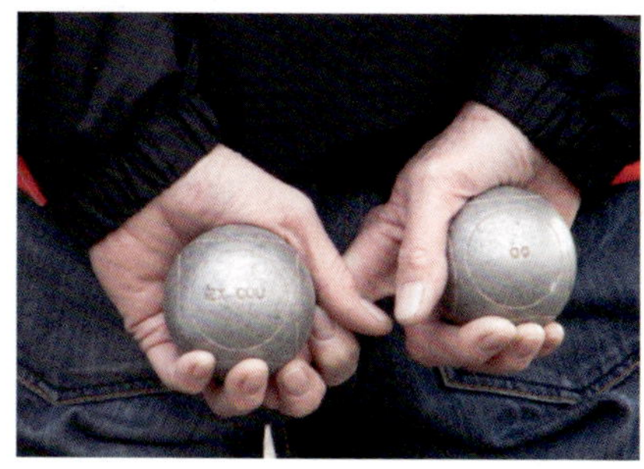

Die Zielkugel

Zielkugel, Cochonnet, Schweinchen oder umgangssprachlich Sau.

Zielkugeln müssen aus Holz oder synthetischem Material sein, dann mit dem Logo eines zugelassenen Herstellers. Der Durchmesser muss 30 mm +/- 1mm sein. Die Zielkugel kann gefärbt sein, darf aber nicht mit einem Magneten aufhebbar sein, also kein Eisen enthalten. Sonst könnte wohl der geschickte Pètanqueur aus der Unterwelt z.B. seine eigenen Kugeln magnetisieren, was bestimmt interessante Effekte zur Folge hätte.

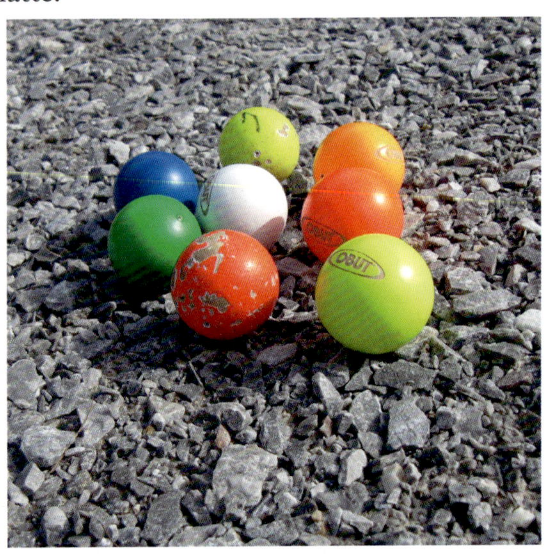

... und schon geht´s los...

Das Spiel

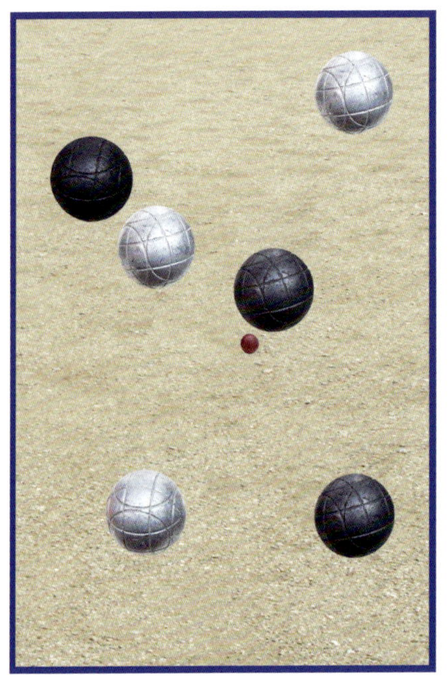

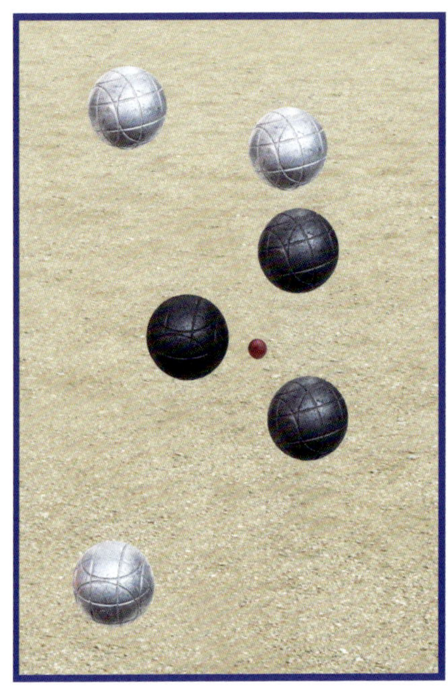

Das Boulespiel, die Spielidee

Das Grundprinzip des Spiels ist denkbar einfach. Es geht darum, möglichst viele der eigenen Kugeln näher an die Zielkugel zu bringen, als der Gegner.

Hier in unserem Beispielen: einen Punkt, für schwarz, bzw. drei Punkte für Schwarz.

Das Spiel geht so lange, bis ein Team 13 Punkte erspielt hat und die gegnerische Mannschaft keine Spielkugeln mehr hat. Dieses Spiel ist dann sofort beendet. Die Gewinnermannschaft muss dann seine ev. verbliebenen Kugeln nicht mehr spielen. Das kann schnell gehen, mindestens drei Aufnahmen. Sechs Punkt sind ja möglich, und maximal 25 Aufnahmen, was schon mal zwei Stunden oder auch länger dauern kann.

Eine Aufnahme nennt man den Teil des Spiels, bis man die Kugeln wieder aufnimmt. Alle Kugeln der zwei Teams wurden gespielt und die Punkte für die Aufnahme können verteilt werden.

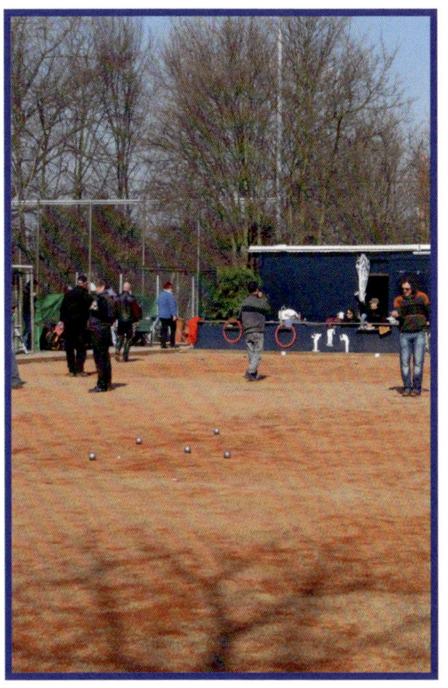

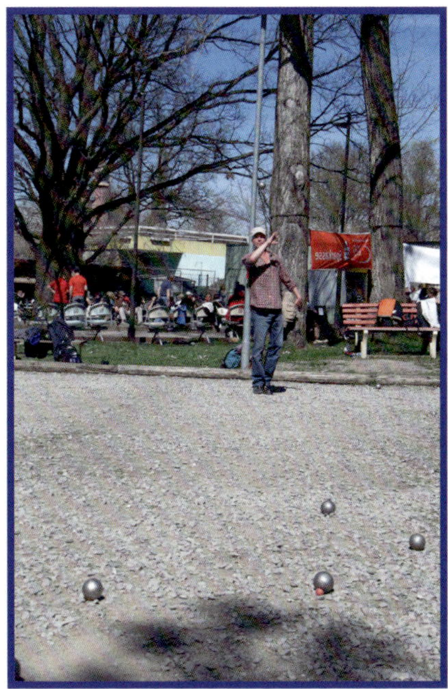

Vor dem Spiel - Die Boulebahn

Prinzipiell kann auf allen Böden gespielt werden. Allerdings sind einige mehr oder weniger geeignet. Am besten geeignet sind wassergebundene Decken, wie sie in vielen Parks als Gehwege oder als befestigte Parkflächen vorhanden sind. Rotascheplätze, Flächen mit feinem Schotter oder Kies, auf Parkplätzen, öffentlichen Freiflächen, Sport- und Spielplätzen, sowie auf unbefestigten Wegen sind ideal. Wie sie sehen, das Spektrum ist groß und überall findet sich ein geeigneter Platz.
Schwieriger ist auf Grobschotter, Betonboden mit Splittauflage oder sehr welligem oder abfallendem Gelände zu spielen. Ungeeignet sind Grasflächen, Asphalt oder tiefer Sand als Untergrund.
Seien sie kreativ bei der Auswahl ihres Platzes. Ein großer Teil des Spaß am Boule Spiel ist gerade die Herausforderung auf verschiedensten Plätzen und Belägen zu spielen.
Also - einfach ausprobieren.

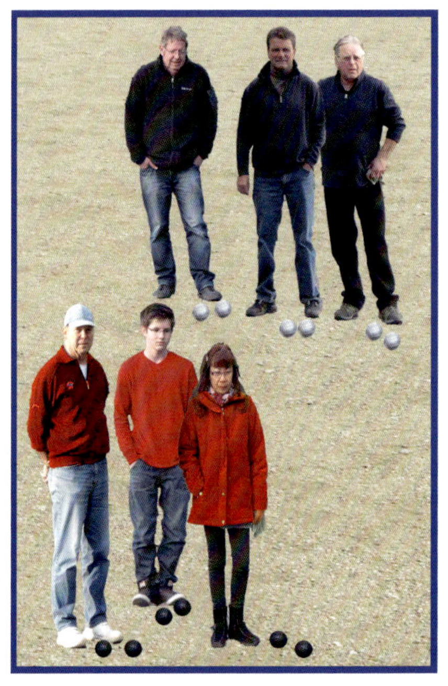

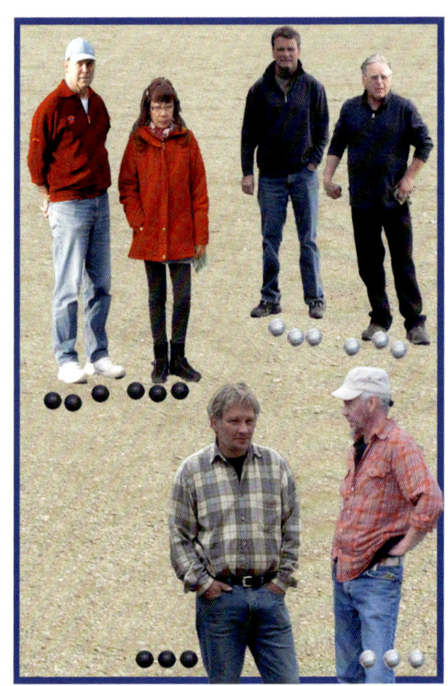

Vor dem Spiel - Das Team

Beim Boule Spiel gibt es drei gängige Möglichkeiten ein Team zu bilden. Meist ergibt sich das aus der Anzahl der vorhandenen Mitspieler, die dann in Triplette- oder Doublette Teams verteilt werden, oder als Einzelspieler spielen.

Triplette : Hier spielen je drei Spieler im Team und jeder hat zwei Boulekugeln, also insgesamt sechs Kugeln pro Team.

Doublette : Hier spielen je zwei Spieler pro Team, mit je drei Boulekugeln. Sechs pro Team

Tête à Tête nennt sich das Spiel bei dem zwei Solisten gegeneinander antreten. Jeder spielt dabei mit drei Kugeln.

Dies sind die möglichen Formationen im offiziellen Wettkampf. Wir haben beim freien Spiel allerdings auch die Möglichkeit alles nach Anzahl der Teilnehmer zu mischen und auch ein Doublette Team gegen ein Triplette Team spielen zu lassen. Genauso es kann z. B. auch ein Einzelspieler mit sechs Kugeln spielen.

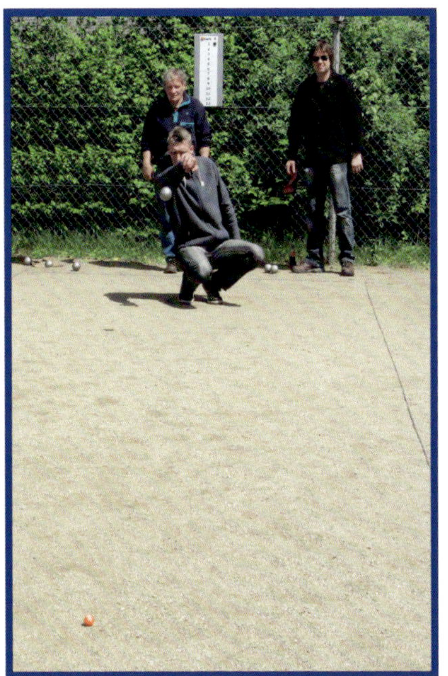

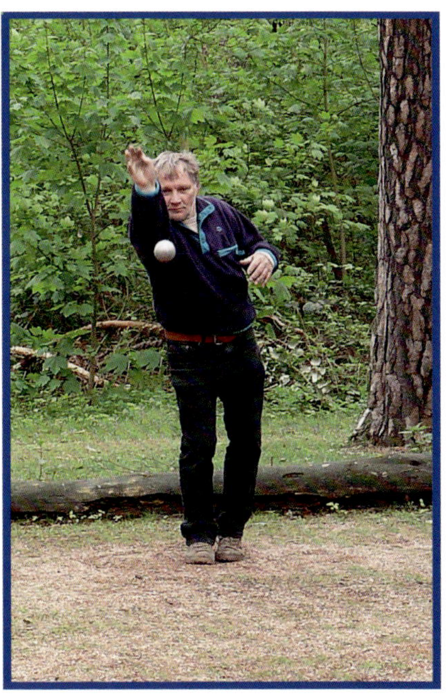

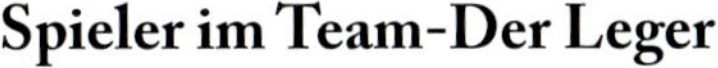

Spieler im Team-Der Leger

Wenn man mit Boule spielen anfängt ist man fast immer auf der Leger-Position. Das ist erst einmal die vermeintlich einfachere Position.
Der Leger des Teams (pointeur) ist derjenige, der versucht seine Kugel möglichst nahe an der Zielkugel zu platzieren. Er kann aus der Hocke oder im Stand spielen und er hat die Möglichkeit seine Kugel zu rollen, halbhoch, oder hoch zu werfen.
Der Leger ist der Angreifer im Team, er fordert den Gegner.

Spieler im Team-Der Schießer

Der Schießer (tireur), wird bei einer gut gelegten Kugel des Gegners versuchen, diese mit der eigenen direkt wegzuschießen. Wenn das gelingt, ist das natürlich immer spektakulär. Bleibt seine Schusskugel dabei an Stelle der gegnerischen liegen, ist ihm ein „Carreau“gelungen.
Spielt man zu dritt, nennt man den mittleren Spieler Milieu. Er hat die schwierigste Position, da er je nach dem, legen oder schiessen muss und meist am Ende der Aufnahme die Punkte macht.

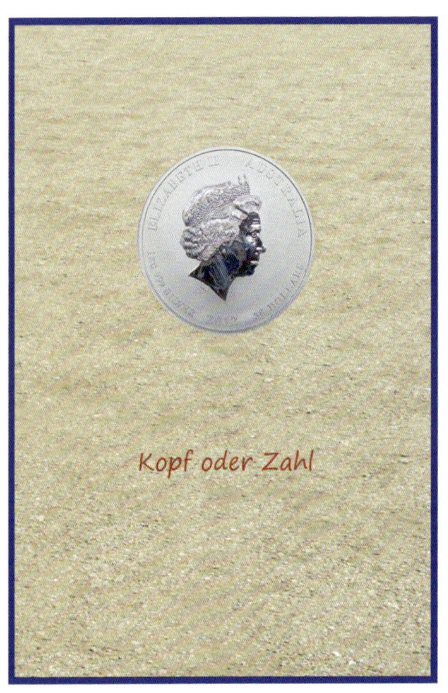

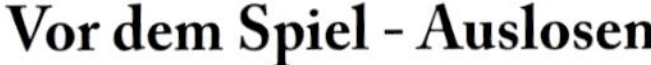

Vor dem Spiel - Auslosen

Die Teams haben zusammengefunden und das gegnerische Team ist ermittelt worden. Jetzt kann es endlich los gehen. Nur, wer fängt an und wer sucht den Platz zum Spielen aus? Hier hilft das Auslosen vor dem Spiel weiter. Meist wird ein Münze geworfen, oder je eine Kugel eines Teams und das Schweinchen werden zusammen geworfen und das Team dessen Kugel näher am Schweinchen liegt, gewinnt. Der Gewinner wählt das Spielfeld und beginnt das Spiel.

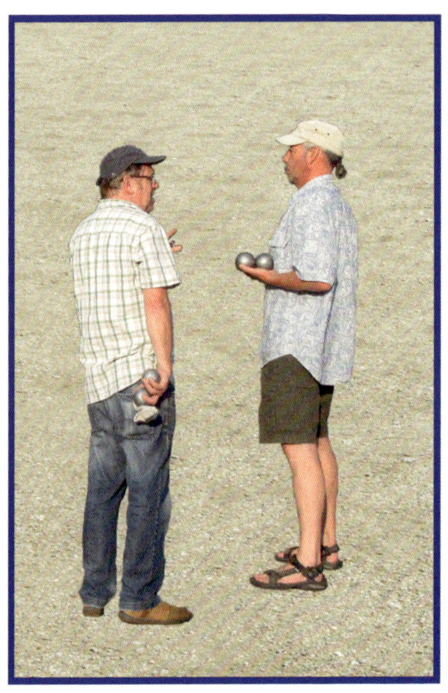

Spielstart - Absprache

Meist werfen beide Teams auf dem ausgesuchten Platz ein paar Kugeln um das Terrain kennen zu lernen und ein Gefühl dazu zu entwickeln. Zu sehen, wie die Kugeln dort so laufen. Man klärt mit dem Gegnerteam ab ob `Terrain libre´ gespielt wird, oder wo die Spielfeldgrenzen sind und wann die Kugel aus ist.

Sinnvoll ist auch vorab abzuklären was gemacht wird, wenn eine Kugel unabsichtlich, z.B. von einem Nachbarspielfeld aus verschoben wird. Zurücklegen ?

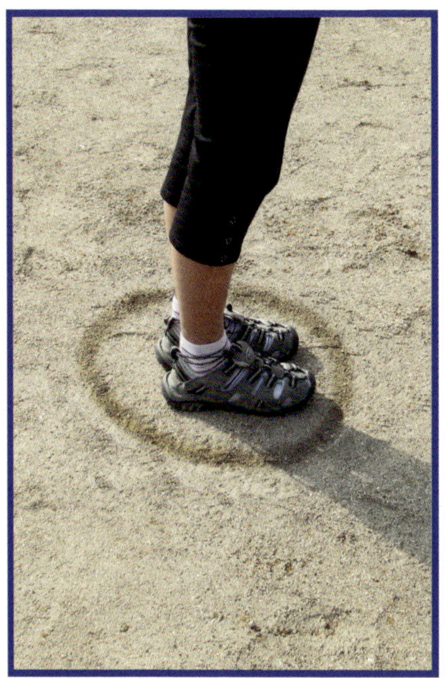

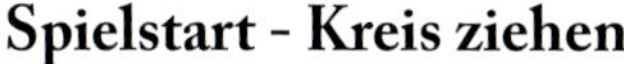

Spielstart - Kreis ziehen

Ein Spieler aus dem Team, das die Auslosung gewonnen hat, nennen wir es der Einfachheit halber Team 1, zieht einen 35 bis 50 cm grossen Abwurfkreis.
Er wirft dann die Zielkugel, auch `Schweinchen´ oder `Sau´ genannt, auf eine Entfernung von sechs bis zu maximal zehn Meter. Danach wirft er seine erste Kugel, die er natürlich versucht so nahe wie möglich an die Sau zu legen. Die Füße müssen dabei im Kreis sein, bis die Kugel aufkommt.

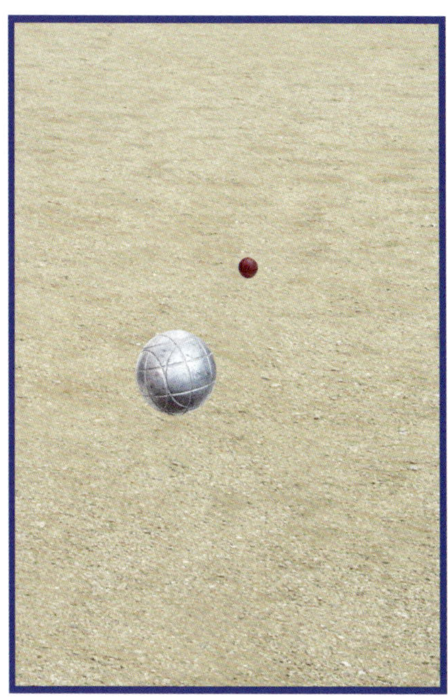

Das Spiel beginnt

Dann versucht ein Spieler der zweiten Mannschaft mit seiner Kugel noch näher an die Zielkugel zu kommen. Wenn das aussichtslos erscheint, kann auch versucht werden sie wegzuschießen oder rauszudrücken. Schon taucht im Team die Frage nach der bestmöglichen Reaktion auf und das Spiel ist voll im Gange. Sobald das zweite Team eine Kugel besser legen konnte, ist die erste Mannschaft wieder am Zuge. Das klappt natürlich oft nicht beim ersten Versuch....

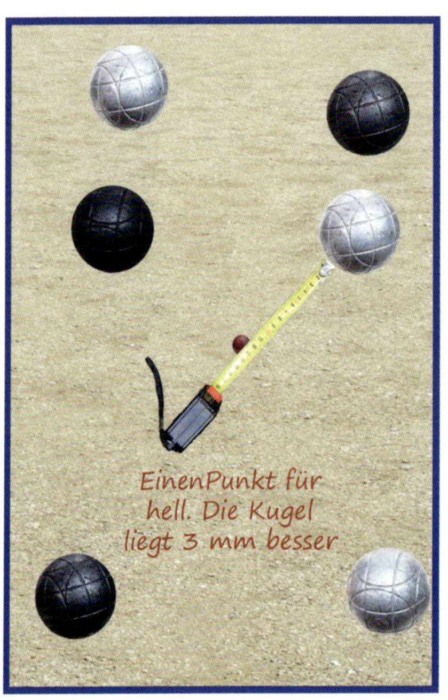

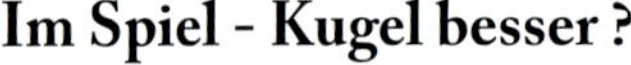

Im Spiel - Kugel besser ?

Wenn nicht ersichtlich ist welche Mannschaft mit ihrer Kugel näher liegt, kommt unser Massband zum Einsatz und es wird nachgemessen. Messen muss immer das Team, das die letzte Kugel gespielt hat. Hierbei ist Vertrauen zum Gegner meist angesagt. Natürlich hat man immer das Recht nachzumessen oder einen unbeteiligten Spieler messen zu lassen. Bei offiziellen Wettkämpfen gibt es dafür einen Schiedsrichter, der eine verbindliche Entscheidung trifft.

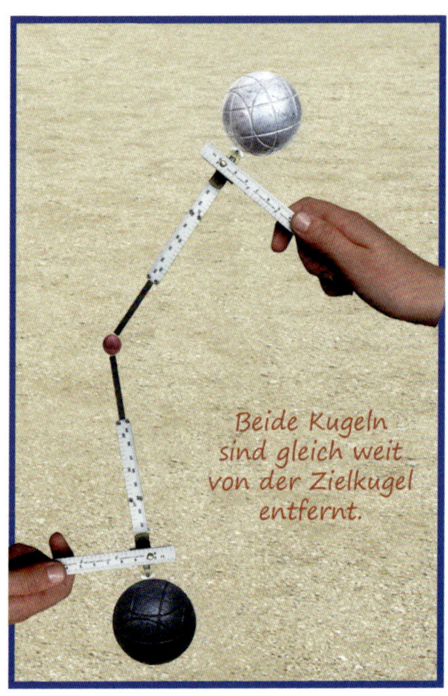

Im Spiel - Kugel gleich ?

Auch dieses ist natürlich möglich, beide Kugeln der Teams liegen nach dem Wurf genau gleich weit von der Zielkugel entfernt. Das Messen ergibt kein eindeutiges Ergebnis. Oft hilft dann das Tirette, ein Zollstock mit ausziehbarer Zunge. Hilft auch das nicht weiter, werden die Kugeln als gleich erklärt und das letzte Team ist noch einmal an der Reihe; dann abwechselnd bis eine Kugel besser ist. Ist bis zum Ende keine Kugel besser wird die Aufnahme wiederholt.

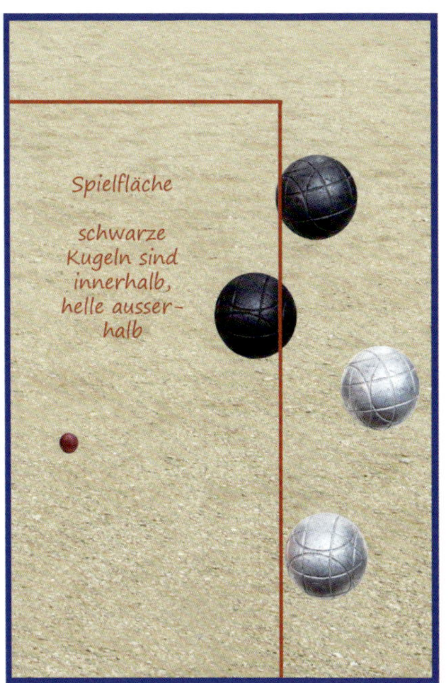

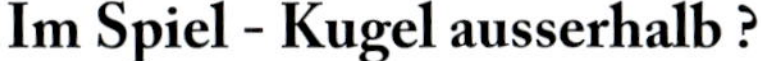

Im Spiel - Kugel ausserhalb ?

Gerät eine der Spielkugeln während des Spiels ausserhalb des Spielfeldes, wird herausgeschossen oder berührt sie eine Umrandung oder Hindernis, so wird sie aus dem Spiel genommen. Deshalb ist es wichtig, diese Frage vor dem Spielbeginn zu klären um späteren Unstimmigkeiten vorzubeugen. Eine Kugel gilt immer als innerhalb des Spielfeldes, solange ein Teil von ihr hineinreicht. Das Spiel innerhalb einer festen Boulebahn nennt man Caree spielen.

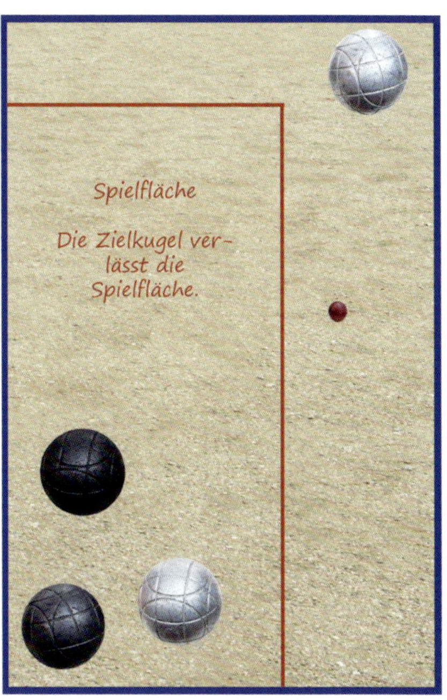

Im Spiel-Zielkugel ausserhalb?

Verlässt die Zielkugel das Spielfeld, wird die Aufnahme neu gespielt. Haben beide Teams noch Spielkugeln zum Spielen zur Verfügung, werden keine Punkte verteilt. Hat nur ein Team noch Spielkugeln zur Verfügung, erhält es so viele Punkte wie es noch Kugeln auf der Hand hat.

Das Rausschießen der Zielkugel kann also ein taktisches Element sein. Wird die Zielkugel mehr als 20 m, oder weniger als 3 m vom Kreis hin bewegt, gibt es eine Neuaufnahme.

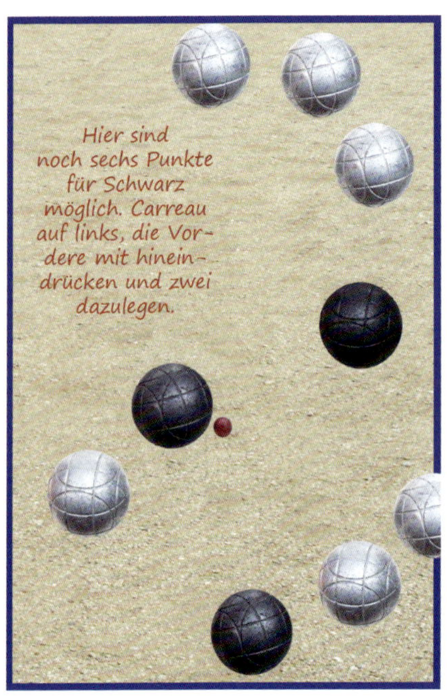

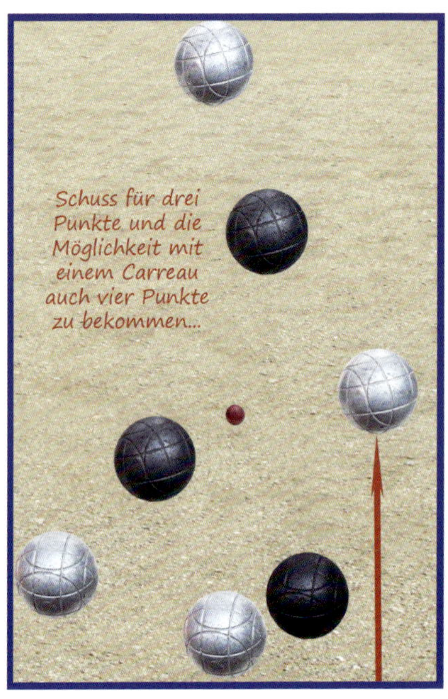

Im Spiel - Alle Kugeln gespielt

Hat ein Team keine Kugeln mehr, spielt das gegnerische Team seine verbleibenden Kugeln und die Aufnahme ist damit zu Ende. Hier muss das Team das noch Kugeln zur Verfügung hat sich die Lage aller Kugeln genau anschauen und entscheiden was zu tun ist um möglichst viele Punkte zu bekommen. Noch Kugeln dazulegen? Gegnerische Kugeln schiessen? -oder Punkt nehmen? Jetzt müssen nur noch die Gewinnpunkte verteilt werden.

Ende der Aufnahme

Gewonnen wird eine Aufnahme mit so vielen Punkten, wie Kugeln eines Teams näher zur Zielkugel liegen, als die beste Kugel des Gegners. Das ist mindestens ein Punkt, kann aber auch alle sechs Kugeln der Mannshaft bedeuten. Gute Schießer entfernen oft gegnerische Kugeln für viele Punkte. Das sollte man schon während des Spiels im Auge behalten.
Der Gewinner beginnt eine neue Aufnahme mit einem neuen Kreis um das Schweinchen.

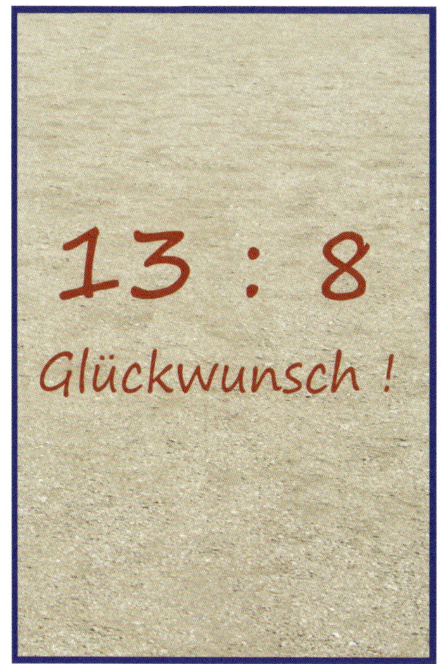

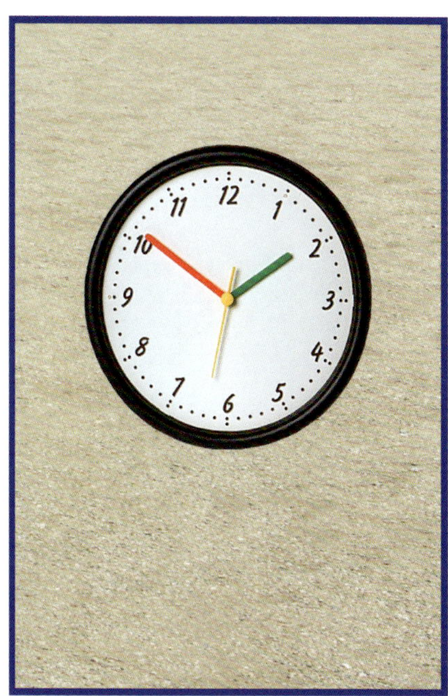

Spielende

Gewonnen hat das Team, das zuerst 13 Punkte erreicht hat und wenn das gegnerische Team keine Spielkugeln mehr zur Verfügung hat.
Wie man sich vor dem Spiel gegenseitig vorstellt (meist nur mit Vornamen), beendet man das Spiel mit damit, dass man sich beim Gegner für das Spiel bedankt. Mit seinen Mitspielern gibts meist -give me five- zur Motivation und als Dank.
Bleibt nur: Viel Spass bei einem neuen Spiel !

Ergänzung :

- Absprachen, die getroffen wurden sind für das Spiel gültig.
- wirft Team2 seine Kugel, erkennt sie damit automatisch die vorher gespielte von Team1 an.
- nie Kugeln ohne vorherige Absprache mit dem Gegner berühren oder aufnehmen.
- liegt eine ungültige Kugel im Spielfeld und das andere Team spielt weiter, ist sie wieder gültig
- ist das andere Team am Spielen, darf es nicht gestört werden.
- für einen Wurf hat man max. eine Minute Zeit zur Verfügung.

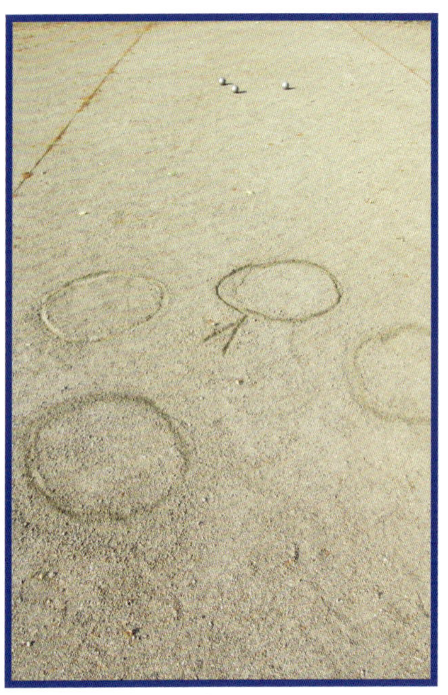

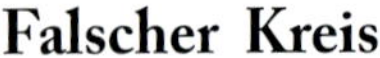

Falscher Kreis

Oftmals finden sich auf dem Spielfeld Kreise aus vorhergehenden Spielen. Eigentlich sollten diese ja entfernt werden. So passiert es, dass ein Spieler aus einem falschen Kreis spielt. Laut Regel ist diese Kugel ungültig und alles was sie verändert hat, sollte zurückgelegt werden. Es gilt allerdings die Vorteilsregel. Der Gegner kann entscheiden, ob zurückgelegt wird, oder nicht. Wurde die nächste Kugel schon gespielt, bleibt die vorherige gültig.

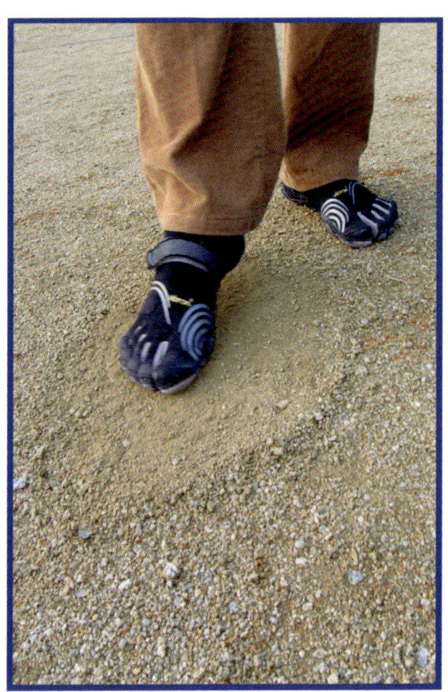

Verändern des Terrains

Gegen keine Spielregel wird so oft verstossen, wie gegen diese. Offiziell ist es lediglich erlaubt ein Loch, das eine andere Kugel verursacht hat, wieder zu schließen. Jegliche Veränderung des Bodens, planieren, oder entfernen von Steinen oder anderen Hindernissen, ist nicht erlaubt. Im freien Gelände kann man Hindernisse oder grössere Bodenunebenheiten bewusst nutzen um es seinem Gegner schwieriger zu machen; allerdings steht man vor dem gleichen Problem.

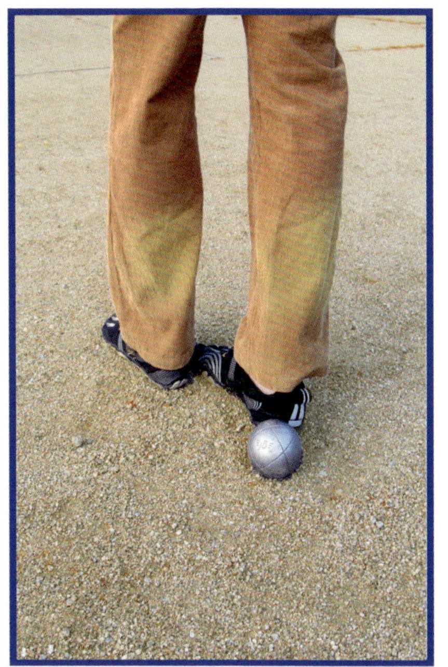

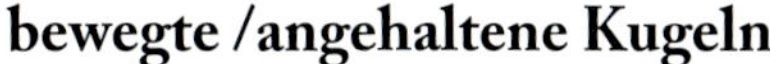

bewegte /angehaltene Kugeln

Eine unbeabsichtigt angehaltene Kugel bleibt gültig liegen. Dies kann schon mal passieren, z.B. nach einen Schuss, bei dem die Kugeln auseinanderfliegen. Bei Schüssen ist immer Vorsicht geboten. Ein Spieler der eigenen Mannschaft sollte immer mögliche gefährdete Spieler vorab über den Schuss informieren. Werden Kugeln von Passanten etc. bewegt, werden sie, nach Absprache, zurückgelegt. Beim Turnier sollte man wichtige Kugeln markieren.

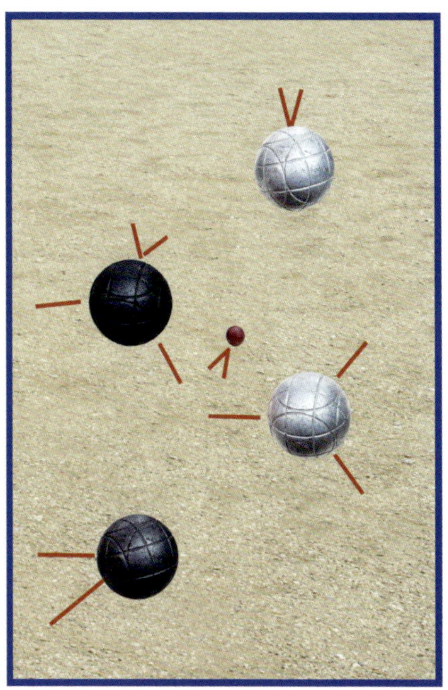

Kugeln markieren

Jede gespielte Kugel darf durch zwei kleine Striche auf dem Boden markiert werden, um ihre Lage zu protokollieren und sie gegebenenfalls wieder auf ihren richtigen Platz zurücklegen zu können.
Wozu das ? Im freundschaftlichen Spiel ist das natürlich nicht notwendig, man einigt sich problemlos darüber. In offiziellen Spielen ist es aber gängig, eigene gute Kugeln und die Zielkugel zu markieren.
Sicher ist sicher.

Was man sonst noch braucht

- ein Tuch

Der Vergleich, je kleiner das Tuch, je besser der Spieler ist wohl eher nicht zutreffend. Da hilft schon eher ein Blick auf sein Spiel. Aber, wie dem auch sei, ein Tuch gehört mit zur Ausrüstung. Nicht nur zum trocknen der Kugel, oder damit einem die Finger im Winter nicht an den kalten Kugeln einfrieren, sondern primär zum Reinigen der Kugel. Eine immer gleich von Staub und Feuchtigkeit gereinigte Kugel verhält sich auch immer gleich in der Hand und hilft so mit kontrollierter zu spielen. Fast alle Tücher sind dafür geeignet, außer Schmutz- und wasserabweisende Tücher mit Nanoimprägnierung. Bei Regen ist ein Ersatztuch auch nicht schlecht.

- Messgeräte

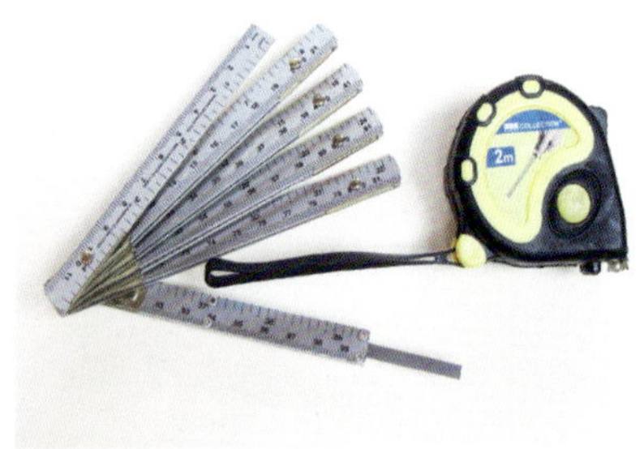

Tirette und Maßband

Zumindest jede Mannschaft sollte ein Maßband dabei haben, dies ist bei Turnieren sogar vorgeschrieben. Während des Spiels ergeben sich immer Situationen bei denen es Unklarheiten gibt und nachgemessen werden soll. Jeder Spieler kann dies auch jederzeit fordern. Ein normales Maßband aus dem Baumarkt ist da vollkommen ausreichend. Falls sie sich ein neues Maßband kaufen möchten, würde ich folgendes dabei beachten. 2 Meter Länge ist ausreichend: schwarze Zahlen auf weißem Untergrund lassen sich besser lesen als auf gelbem: die gern verkauften Maßbänder mit Meter und Zollangaben verwirren nur: sehr schmale Bänder sind auch meist instabil und ein exaktes Messen ist damit schwierig.

Genaues Messen mit dem Maßband beinhaltet auch genau senkrecht von oben auf die Zielkugel zu sehen und das Maßband am Äquator der Kugel anzulegen.

Es gibt immer wieder längere Diskussionen wer den Punkt hat. Da hilft nur nachmessen und oftmals ist man verblüfft was dabei herauskommt, denn durch Bodenunebenheiten, Schatten oder hellere/dunklere Kugeln lässt sich das Auge oftmals täuschen. Im Übrigen misst immer die Mannschaft, die zuletzt gespielt hat. Das ist wichtig, denn wenn man beim Messen aus versehen eine Kugel bewegt, dann wird zum Nachteil der messenden Mannschaft entschieden.

Ein spezielles Messwerkzeug ist das Tirette. Ein Zollstock mit einer ausschiebbaren Zunge an einer Seite, die ein sehr genaues Messen zulässt. Das Tirette ist aber nur für Schiedsrichter notwendig. Es gibt noch weitere Spezialwerkzeuge, die aber nicht wirklich notwendig sind. Boule ist ja ein Spiel mit viel Kommunikation unter den Beteiligten. Falls die Kugeln gleich liegen und beim Messen kein eindeutiges Ergebnis erzielt wird, spielt man nach der Gleichheitsregel weiter.

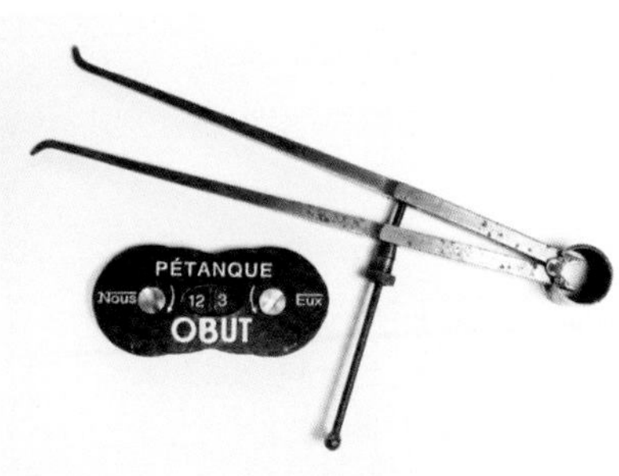

Rundenzähler und Messzirkel

- Magnet

Für Spieler mit Rückenproblemen oder älteren Spielern ist es sehr hilfreich sich nicht andauernd bücken zu müssen um die Kugeln aufzuheben. Dafür bietet der Fachhandel Kugelmagnete an. Alternativ gibt es auch mechanische Kugelaufheber.

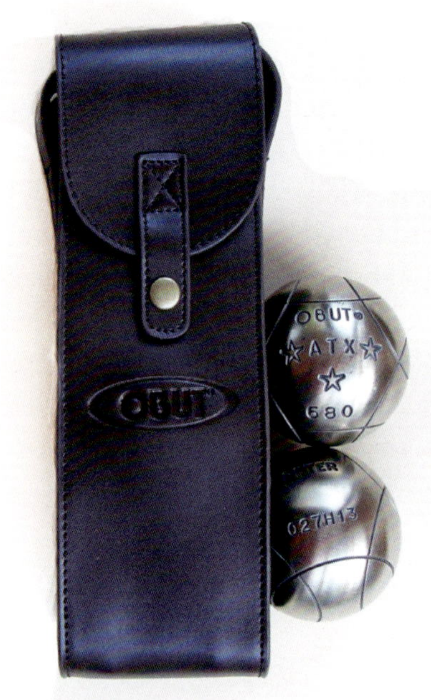

Die Bouletasche

- Kugeltasche

Spätestens nachdem zum ersten Mal die Kugeln im Auto hin und her geflogen sind, entscheidet man sich dafür, schnellstens ein passendes Behältnis zu organisieren. So eine Kugel kann schon mal vom Kofferraum aus eine Delle ins Blech machen. Natürlich gibt es extra Boule Taschen und Koffer, hier sind ihrer Kreativität keine Grenzen gesetzt.

- Kleidung

Spezielle Boule Kleidung ist nicht notwendig, allerdings ist nicht jedes Kleidungstück zum Spielen geeignet. Natürlich sollte die Kleidung der Witterung angepasst sein. Die Zwiebeltaktik ist hier wohl die beste Wahl. Die Kleidung sollte vor allem gut passen. Das beinhaltet, dass sie nicht zu eng ist und uns beim Spiel beeinträchtigt. Das Gleiche gilt für zu weite Kleidung. Mit einer Jacke, bei der man beim Wurf immer irgendwo hängen bleibt, wird bestimmt negative Auswirkungen auf unser Spiel haben – von offenen Jacken ganz zu schwiegen. Was bestimmt auf Dauer sinnvoll ist, dass man sich eine wirklich gute und auch wasserdichte Jacke zulegt. Boule ist ein Sport im Freien und von ein bisschen Regen lässt man sich meist nicht vertreiben. Für eine passende Kopfbedeckung wird man sowohl im Sommer, als Sonnenschutz, als auch im Winter dankbar sein. Eine Schirmmütze oder Hut hilft gegen die blendende Sonne. Denken sie immer daran, dass sie meist einige Stunden im Freien sind, bei Turnieren zieht sich das oft über den ganzen Tag bis in die späten Abendstunden hin und es ist äußert unangenehm, schon mittags einen Sonnenbrand zu haben, oder sich vor lauter Kälte nicht mehr richtig bewegen zu können. Einen Regenschirm dabei zu haben, ist immer gut. Wenn es richtig schüttet ist er das Einzige, was wirklich hilft. Ein etwas größerer kann auch nicht schaden. Beim Spiel kann man ihn sich gut mit seinem Partner teilen und muss so nur direkt beim Wurf in den Regen.

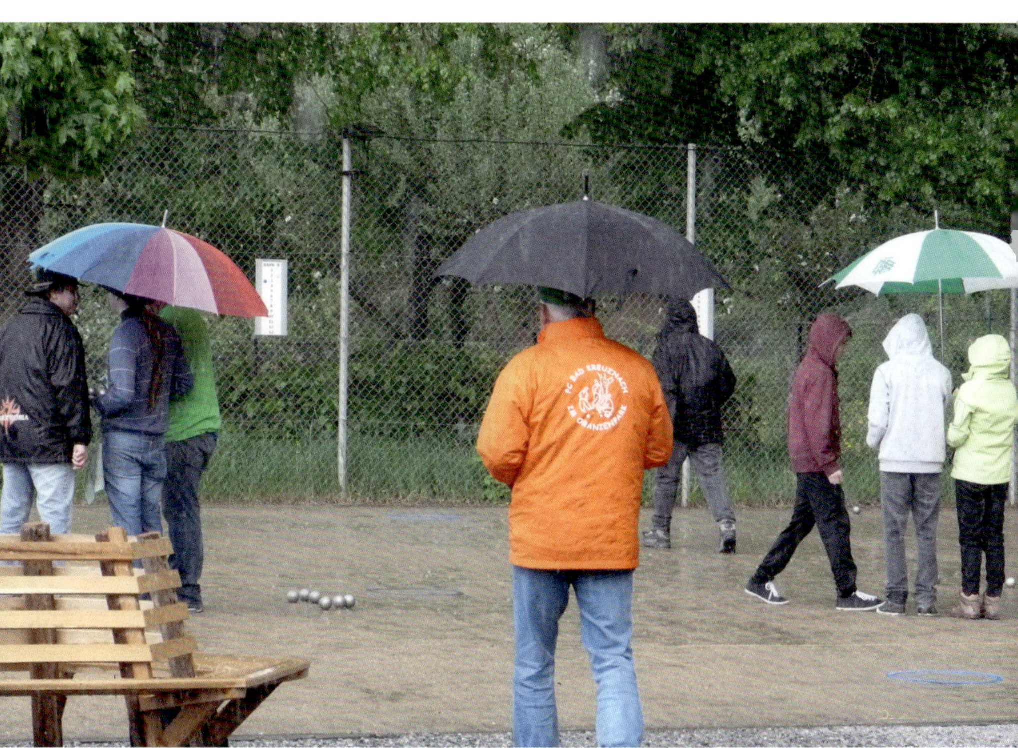

Schlechtes Wetter ? *Nein, nur ein bischen Nass !*

- **Verpflegung**

ist beim abendlichen Spielen im Park oder im Verein nicht das große Thema. Etwas zu trinken einzupacken, dürfte ausreichen. Am besten etwas nicht Alkoholisches – oder doch der obligatorische Rotwein? Gegen geringe Mengen ist bestimmt nichts einzuwenden, allerdings sollten wir zum Schutz aller nicht nur das Boule Spiel, sondern auch die Rückfahrt regelkonform bestreiten.

Ganz anders sieh es bei Turnieren aus. Anreise meist am Morgen, dann hat man nach dem zweiten Spiel die Mittagszeit erreicht und der Veranstalter hat oft für ausreichend Kalorien gesorgt. Allerdings in Form von Steak und Wurst, Bratwurst, Erbsensuppe, Pommes Frites und belegten Brötchen. Dazu am besten noch ein Bier und Pastis, und man kann das nächste

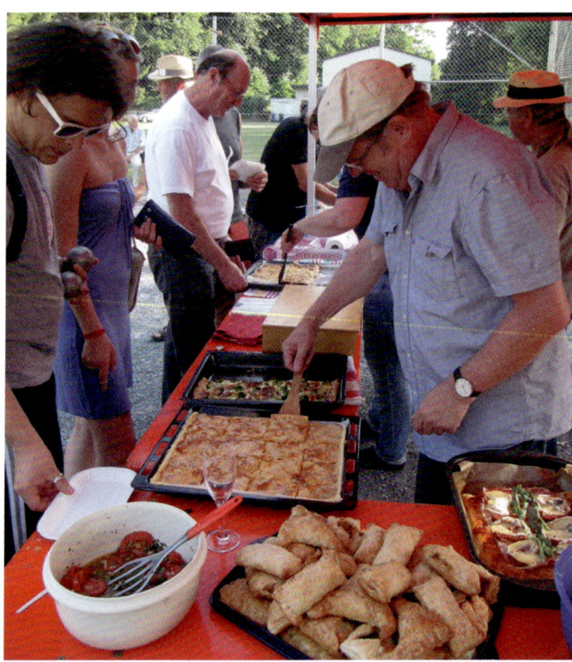

Hier gibt es stilgerecht leckeres aus der französischen Küche. Tartes, Käse, Baguettes und Salate. Da kann man kaum nein sagen...

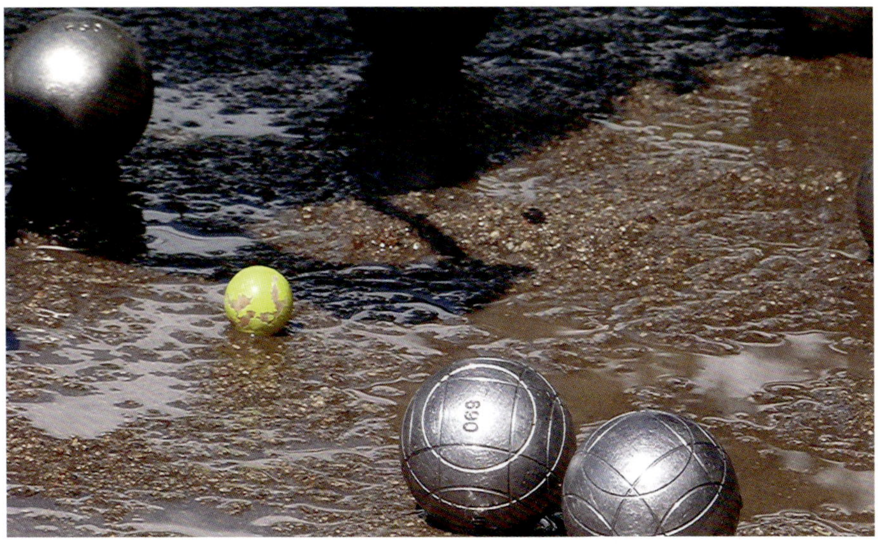

Spiel angehen. Der Ausdruck Fressnarkose kommt dem dann erreichten Zustand nahe und man kann nur hoffen, dass der Gegner in ähnlich guter Verfassung ist wie man selbst. Erfahrene Spieler haben ihre Verpflegung dabei und essen über den Tag verteilt Obst, Schokoriegel, Joghurt oder ev. einen kleinen Salat vom Buffet, zu trinken gibt es Tee, Wasser oder Säfte. Beim Boule heißt es über den Tag genauso fit zu bleiben wie bei anderen Sportarten und dort gibt es auch keinen Rotwein mit Käse zum Mittag. Die unvernünftigen Dinge hebt man sich für nach dem Turnier auf.

- **Regen und Sonne**

Wie oben schon gesagt, die richtige und passende Kleidung ist wichtig, der Regenschirm sowieso. Ob nun gegen den örtlichen Schauer oder die Sonne. Sonnencreme ist auch oft hilfreich, gerade auch im Frühjahr, wenn man die ersten schönen Sonnentage natürlich zum Boule spielen nutzt. Einen Klappstuhl habe ich auch immer im Auto, dann kann man sich seinen Sitzplatz aussuchen und muss nicht in der Sonne braten oder im Schatten frieren.

Die Mannschaften

Kurz angesprochen soll hier nicht die Liga Mannschaft eines Vereins sein, sondern das Team, das aktuell zusammen spielen möchte. Wenn wir uns im Park oder auf der Boulebahn treffen, losen wir meist aus, wer mit wem zusammen spielt. Das geht in der Regel so, dass eine Zielkugel geworfen wird und dann gleichzeitig von jedem der mitspielen möchte, eine seiner Kugeln Richtung Zielkugel gelegt wird. Dann ergibt sich eine Reihenfolge von eins bis.... Die Anzahl der Spieler wird möglichst sinnvoll in Doublette und Triplette Teams geteilt und die Teams für dieses Spiel stehen fest. Wenn die Anzahl nicht aufgeht, kann man natürlich auch ein Doublette Team gegen ein Triplette Team spielen lassen. Bei z.B. sieben Spielern, wird auch das nicht funktionieren. Damit keiner aussetzen muss, kann entweder ein Spieler immer rotieren, oder es gibt auch die Möglichkeit italienisch zu spielen. Dabei spielen drei Spieler gegeneinander. Einer davon setzt aus und tritt in der nächsten Aufnahme gegen den Sieger der vorhergehenden Aufnahme an. Jeder zählt seine Punkte separat.

Im offiziellen Spielbetrieb gibt es nur die Versionen :

Tête à Tête - (1 : 1), mit drei Kugeln pro Spieler

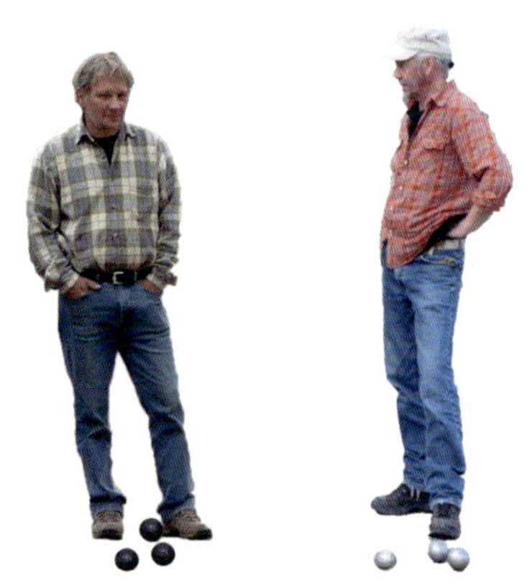

Das Tête fristet hierzulande etwas ein Schattendasein, da die Verbände den Mannschaftsaspekt mehr betonen und bei Ligen ausschließlich Doublette und Triplette Teams spielen lassen. Natürlich gibt es auch Tete Turniere und Meisterschaften. Das Tete ist die wohl gnadenloseste Spielvariante. Es sind nur sechs Kugeln im Spiel und eine schlechte, egal ob schlecht gelegt oder beim Schießen nicht getroffen, kann fatale Auswirkungen haben. Der Aspekt Kugelvorteil, und wer beginnt die Aufnahme, ist beim Tete ein sehr wichtiges Argument um die richtige Spieltaktik zu wählen. Hier steht man für sich alleine, was heißt, wenn man seine Schwächephase hat, kann man nicht auf seinen Partner zurückgreifen, nicht die Position wechseln, oder die Verantwortung für eine zu spielende Kugel dem Partner überlassen. Im Tete muss man legen und schießen können und der häufige Wechsel dabei erfordert viel Konzentration. Selbst der beste Leger hat keine Chance wenn der Schiesser, am besten noch mit Carreaus, seine guten Kugeln entsorgt. Im Umkehrfall muss der gute Schiesser auch ausreichend gut legen können um eine Chance zu haben.

Doublette (2 : 2), mit je drei Kugeln pro Spieler

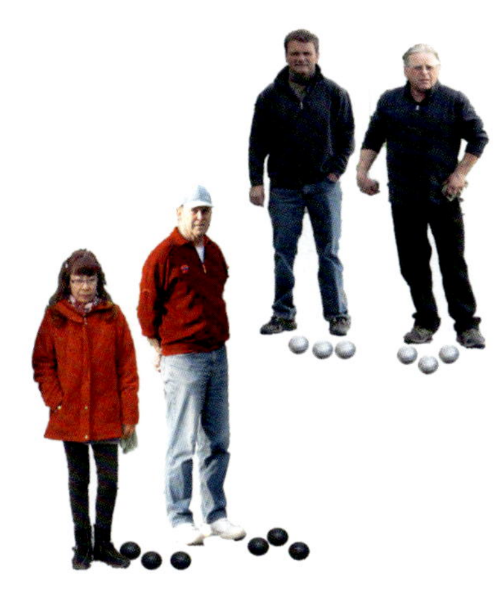

Ist die in Deutschland häufigste Form der Boule Mannschaft. Es werden darin die meisten Turniere angeboten und im zweier Team spielt man einfach mehr und hat natürlich mehr Einfluss auf das Spielgeschehen. Wenn man länger dabei ist, hat sich meist ein bevorzugter Doublette Partner herauskristallisiert, der auf gleichem Niveau spielt und einen ergänzt. Außerdem findet sich ein Doublette Partner einfacher, als wenn man noch zwei Spieler für ein Turner auftreiben muss. Häufig entscheidet sich ja eine Turnierteilnahme recht spontan.

Im Doublette Team sind die Spielfunktionen meist aufgeteilt in Leger und Schießer, die in der Regel auch auf ihren Positionen bleiben. Was natürlich nicht heißt, dass der Leger nur legt und der Schießer nur schießt. Vor jedem Wurf wird das Notwendige, oder vermeintlich Erfolgversprechendste abgeklärt und danach entschieden wer was versuchen soll. Wenn der Schießer leer ist, muss der Leger nach Möglichkeit schießen und umgekehrt. Drehen, also die Spielpositionen tauschen, sollte man nur bei einem deutlichen Rückstand. Manchmal ändert sich dann das komplette Spiel, man selbst ist neu motiviert und der Gegner muss sich neu Einstellen. Die Chance doch noch gewinnen zu können – und das ist ja das Ziel des Spiels.

Triplette (3 : 3), mit je 2 Kugeln

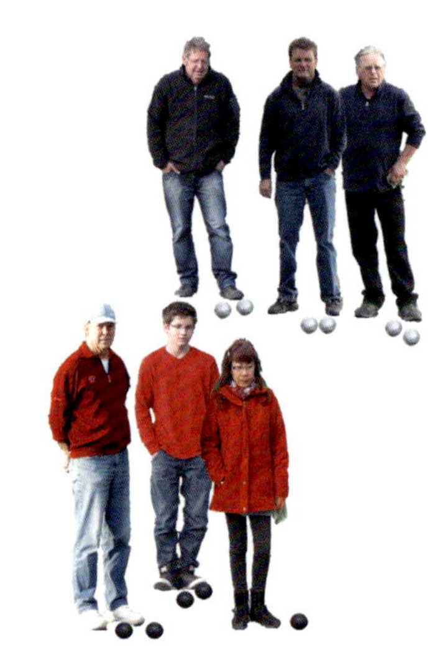

Wie im Doublette agieren hier Leger und Schießer. Dazu kommt noch die Mittelposition, das Millieu. Dies ist meist der erfahrenste Spieler des Teams. Er muss gleichwohl nach Bedarf beides können und nach hartem Kampf um die Positionen ist er es, der oftmals die letzten Kugeln auf der Hand hat, die Sieg oder Niederlage der Aufnahme entscheiden. Die Triplette Formation ist die Königsdisziplin des Petanque. Hier muss man drei Spieler unter einen Hut bringen, die sich verstehen und ergänzen. Harmonie und der Umgang miteinander ist ein ganz wichtiger Faktor um erfolgreich Spielen zu können und die Psychologie im Boule ist sehr oft der ausschlaggebende Faktor der über Gewinn oder Niederlage entscheidet.

Alle wirklich bedeutenden Turniere werden als Triplette gespielt. Angefangen von der WM über die EM, bis zu dem jährlich im Marseille stattfindenden größten Turnier der Welt mit 4416 Mannschaften 2012 – das waren 13248 Spieler aus 20 Ländern!

Wer mit wem zusammen spielt kann sich auch bei Turnieren erst kurzfristig entscheiden. Viele, meist kleinere Turniere sind als Melee oder Supermelee ausgeschrieben. Im Gegensatz zum Formee, bei dem die Mannschaften formiert, also fest zusammen spielen, wird bei Melee vor dem Turnier, meist per Los entschieden, wer den Tag zusammen bestreitet. Bei Supermelee wird vor jeder Runde ausgelost. Diese Art der Mannschaftsauslosung hat den Vorteil, dass man auch auf ein Turnier fahren kann, wenn man keinen Spielpartner in den eigenen Reihen gefunden hat. Außerdem kann ein schwächerer Spieler, angespornt durch seinen guten Partner durchaus ein Turnier mit ihm gewinnen. Es ist auch einfach eine gute Möglichkeit viele neue Leute kennen zu lernen, ihr Spiel zu beobachten oder selbst in eine andere Rolle hineinzuwachsen.

Wie zuerst beim Spiel im Park oder Verein, wird sich der Radius mit Teilnahmen bei Turnieren vergrößern. Wenn man einmal zusammen in einer Mannschaft gespielt hat, ist ein erster Kontakt schon hergestellt und man sieht sich bestimmt auf dem einen oder anderen Event wieder.

Wurftechniken

Boule ist ein Sport, bei dem es auf die Genauigkeit beim Wurf ankommt. Das hört sich erst mal nicht so schwierig an, ist es auch nicht. Das ist ja auch das Schöne am Boule, das die Regeln und Würfe selbst beim ersten Kennenlernen des Spiels sofort ersichtlich sind und jeder bestimmt auch am ersten Tag einmal eine super Kugel legt. Das motiviert und verlangt nach mehr. Das kann man dann auch haben, denn die schlichte Aufgabe eine Kugel zum Schweinchen zu legen kann und wird sich als eine Aufgabe mit unzähligen Facetten und Möglichkeiten entwickeln. Schnell wird klar, dass erfahrene Spieler ein größeres Repertoire von Würfen können. Einige Tricks draufhaben, die Kugel doch dorthin zu bekommen, wo sie liegenbleiben soll und dennoch.... immer klappt das auch nicht.

Der scheinbar einfache Bewegungsablauf beim Legen oder Schießen ist in Wahrheit ein sehr komplexes Miteinander von Aufmerksamkeit, Beurteilung, Konzentration, Willen und motorischer Ausführung. Am Anfang staunt man erst einmal über die spektakulären Treffer der Schießer, bei denen jedes Carreau anerkannt und gar bejubelt wird. Das will man auch mal können. OK, kein Problem, einfach versuchen. In der Luft sind ja keine Steine, was das Schießen wiederum einfacher macht. Jeder der guten Spieler hat mal angefangen, aber auch oft jahrelang trainiert und sich auf vielen Turnieren Spielpraxis angeeignet. Gut ist immer relativ. Es ist von Vorteil, sich Bewusst zu machen auf welchen Niveau man spielt und welches man erreichen will. Die Strategie der kleinen Schritte ist hier angesagt. Für den Schiesser ist ein Treffer mit seinen drei Kugeln schon mal gut, wenn er sicher kommt. Jeder zweite schon eine sehr gut Ausbeute. Zwei von drei wäre natürlich viel besser, aber ... - Es gibt einen legendären Schiesser Wettbewerb – 1000 Schüsse in einer Stunde und die Besten erreichen manchmal Werte von über 990 Treffern. Das sind natürlich reine Profispieler aus einer anderen Welt.

Bleiben wir auf dem Boden und schauen uns die grundlegenden Techniken an. Ich möchte hier die gängigen Würfe für Leger und Schiesser vorstellen. Im Solospiel und als Millieu im Triplette sollte man beides gut können. Üben sollte man sowieso beides, denn man kommt immer wieder in die Situation das zu machen, was eigentlich nicht seine Passion ist, die Spielsituation aber erfordert. Vorab sei gesagt, dass es keine absolut richtigen oder falschen Wurfvarianten gibt. Jeder ist ein Individualist, aber wie in jeder Sportart sollte eine Basis aus Techniken geschaffen werden die allgemein als Grundlage anerkannt ist.

Eminent wichtig ist die richtige Haltung der Kugel in der Hand. Hier unterscheidet sich unser Boule Spiel von den vielen anderen Kugelsportarten. Die Kugel wird von den vier Fingern der Hand umschlossen. Die Finger liegen parallel und sind geschlossen. Der Daumen liegt in Verlängerung des Unterarms und ist am Festhalten der Kugel nicht beteiligt.

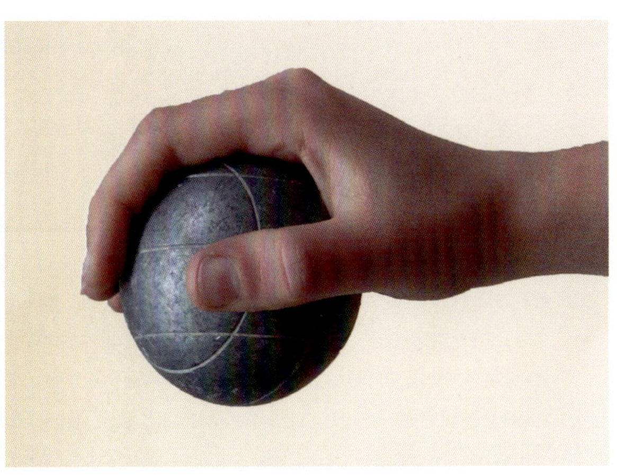

Die richtige Haltung der Kugel in der Wurfhand

Für Anfänger ist dies meist schwierig zu bewerkstelligen, da wir es evolutionistisch gelernt haben mit dem Daumen zu greifen. Meist ist das auch besser, nicht aber zum Boule spielen. Ein Greifen mit Fingerspitzen und Daumen lässt keine präzisen und effetlosen Würfe zu. Diese gelingen am besten wenn die Kugel mit absolut waagerecht liegendem Handrücken abgeworfen wird. Wenn man sich auf Bouleplätzen umsieht, entdeckt man auch Spieler, die ihre Kugeln seitlich, oder mit einem Schlenker aus dem Handgelenk werfen. Das sind meist über Jahre kultivierte Fehler, mit denen man auch erfolgreich sein kann, die Sache aber in jedem Fall komplizierter machen. Der einfachste Weg zur guten Kugel ist auch der Beste, weil am wenigsten fehleranfällig.

Die Vorbereitung zum Wurf ist immer identisch. Viele Boulespieler haben dazu schon fast ein Ritual ausgebildet, das sie ihre Ruhe und Konzentration finden lässt unm sich so zum eigentlichen Wurf vorzubereiten. Das ist auch sinnvoll und verhilft sich auf den kommenden Wurf einzustellen.

Das Abschreiten der Distanz vom Wurfkreis zur Zielkugel verhilft sich diese noch einmal bewusst zu machen. Auf dem Weg achtet man auf die Geländeformation, die Beschaffenheit des Terrains und eventueller kleiner Hindernisse die die Kugel auf ihrem Weg ablenken könnten. Man bekräftigt seine Vorentscheidung, welche Version Wurf man macht (oft abhängig vom Terrain). Dann stellt man sich hinter den Kreis, kann noch einmal in die Hocke gehen um einen Blick aus einer anderen Perspektive über den Boden gleiten zu lassen und sich dann endgültig im Kreis auf das Ziel zu konzentrieren. Man steht möglichst locker und entspannt, leicht vorgebeugt und mit dem Fuß der Wurfhandseite etwas nach vorn versetzt oder parallel. Kurz wir das Ziel fixiert, das entweder beim direkten Schuss die Kugel ist, oder die Stelle, auf die

die Kugel aufkommen soll (das Donee).

In der späteren Abwurfposition wird die Hand mit dem Handrücken nach oben nach vorn gestreckt und das Ziel fixiert. Der Arm schwingt daraufhin langsam nach hinten. Am Umkehrpunkt angekommen klappt das Handgelenk nach innen ein, um Spannung für den Wurf aufzubauen. Der gestreckte Arm schwingt dann nah am Körper nach vorn. Der Krafteinsatz wird dabei vom ganzen Körper gesteuert. Er fängt in den Füssen mit dem Bodenkontakt an, nimmt Spannung aus Knie, Hüfte und Oberkörper mit, um dann mit dem Loslassen der Kugel in Schulterhöhe zum Endpunkt zu kommen. Gleichzeitig klappt das Handgelenk nach hinten, die Finge strecken sich und geben die Kugel für ihren Flug frei. Der Arm schwingt noch in der Wurfhaltung aus. Nachdem die Kugel gelandet ist, verlässt der Spieler den Kreis.

Der Leger (pointeur)

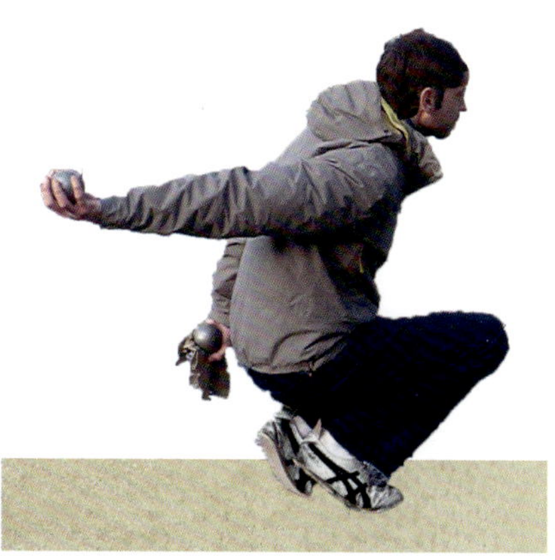

Der Leger ist der Angreifer des Teams. Er baut mit einer gut gelegten Kugel Druck auf, auf den das gegnerische Team reagieren muss. Eine gute Kugel ist meist eine kurz vor der Zielkugel. Dort ist der gefährlichste Platz für den Gegner. Den richtigen Weg dorthin zu erkennen und ihn umzusetzen ist die Kunst an der sich der Leger versuchen muss. Die Auswahl der Variante hängt von verschiedenen Faktoren ab. Bodenbeschaffenheit (auf grobem Schotter oder nassem, tiefem Terrain wird man nicht rollen können und versuchen den Weg den die Kugel auf dem

Boden zurücklegen muss zu minimieren. Das Gegenteil gilt für Beton- oder Asphaltböden mit Splitauflage, hier springen hoch geworfene Kugeln oft unkontrolliert weg.) Distanz, Relief, Hindernisse, Aufgabenstellung etc. Wie immer, gibt es meist verschiedene Möglichkeiten das Ziel zu erreichen. Der Leger sollte die Version wählen, bei der er das beste Gefühl hat sie auch bewerkstelligen zu können. Ob er aus der Hocke, oder aus dem Stand spielt, ist dabei nicht die grundlegende Entscheidung.

Drei Basiswürfe gibt es zur Auswahl

Das Rollen (Rouler) ist die einfachste Form des Legens und wird etwas verächtlich Kegeln- genannt. Damit ist der Ablauf eigentlich schon recht gut beschrieben. Die Kugel wird nahe am Boden aufgesetzt und rollt dann die Strecke bis zum Ziel. Aber nichts ist wirklich einfach. Die Kugel soll ja auch genau bis in eine bestimmte Entfernung rollen. Selbst auf den für das Rollen gut geeigneten Böden, harte, ebene mit feinem Belag, muss man das mit viel Fingerspitzengefühl erst einmal perfekt hinbekommen. Manches Team hat das zu einer Perfektion gebracht, dass man nur staunen kann. Die meisten Spieler hassen solche Plätze, auf denen sie aber bei Turnieren auch spielen müssen. Gerade die roten Fussballplätze sind oft die Ausweichplätze, wenn das präparierte Boule-Gelände nicht ausreicht. Genau wie der Flachschuss ist da Rollen eine, zum richtigen Zeitpunkt eingesetzt, gute Technik.

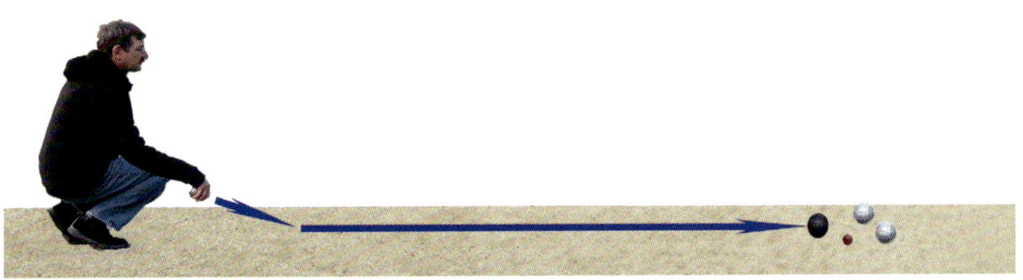

Das Halbportee (Demi Portee) ist die am häufigsten angewandte Technik. Die Kugel wird etwa schulterhoch abgeworfen, kommt auf ca. ½ bis ⅔ Distanz auf dem Boden auf und rollt die restliche Strecke. Die Höhe des geworfenen Bogens und der mitgegebene Rückdrall der Kugel bestimmen wie weit die Kugel nach dem Aufkommen noch rollt. Je höher der Bogen, je kürzer rollt die Kugel noch weiter. Das zeigt uns die Physik, je steiler der Einfallswinkel, je mehr Energie wird an den Boden abgegeben und es bleibt weniger Energie zum weiterrollen übrig. Wenn der Spieler alles richtig macht, sucht er sich zuerst das passende Donee aus und wirft dann den Bogen, der den richtigen Nachlauf der Kugel hat. Ist die Kugel zu lang, kann er zur Korrektur entweder das Donee nach vorne verlegen, oder bei gleichem Donee einen etwas höheren Bogen werfen.

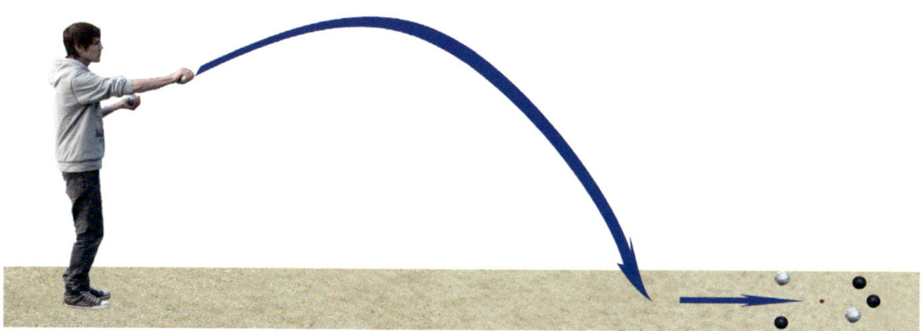

Das Halbportee

Das Hochporte (Portee oder Plombee) ist ein technisch sehr schwieriger und anspruchsvoller Wurf. Die Energie zum Abwurf kommt oft aus dem ganzen Körper. Wie bei einem Absprung wird die Energie aus Knien und Oberkörper zum Wurf mit integriert. Die Kugel wird bis weit über den Kopf mit der Hand geführt und beschreibt einen hohen, parabelförmigen Bogen. Sie kommt kurz vor der Zielkugel auf und legt dann nur noch eine kurze Strecke bis zum Stillstand zurück. Der Vorteil einer solchen Technik ist klar ersichtlich. Bei schwierigen Böden mit vielen Steinen werden die Unwägbarkeiten des Bodens teilweise eliminiert und gegnerische Kugeln, die als Abwehrmauer vor die Zielkugel postiert wurden, kann man mit einem Hochportee überspielen. Die Extremform nennt man auch Plombee. Hier wird der Bogen extrem hoch geworfen und die Kugel bleibt am Auftreffpunkt liegen.

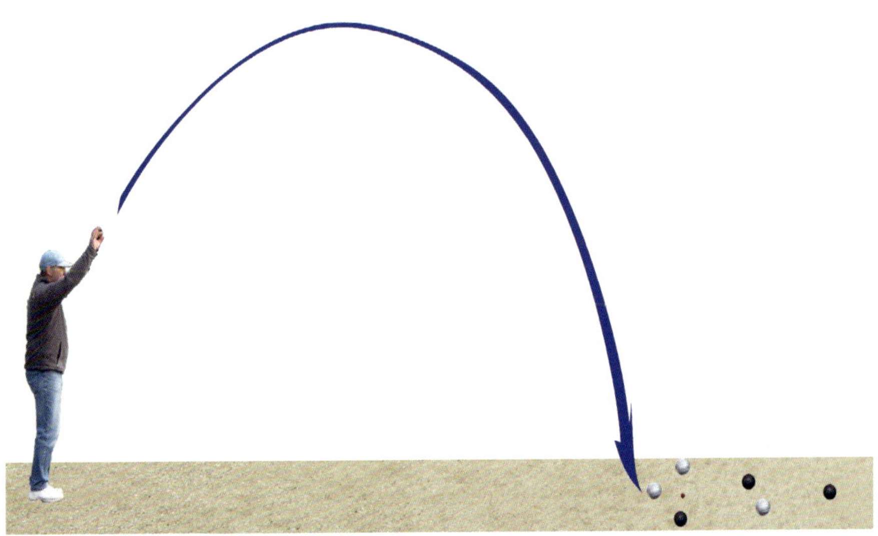

Das Hochportee

Eine besondere Variante ist der **Effet-Wurf**. Gemeint ist hier der Wurf mit einem seitlichen Effet, Rückdrall ist ja auch eine Version des Effets. Effetwürfe können mit allen Portees eingesetzt werden. Allerdings ist die Beherrschung der Effetwürfe die hohe Kunst des Spielens und sehr trainigsintensiv. Man kann durch sie die Richtung, die die Kugel nach dem Auftreffen auf das Donnee nimmt, nach links oder rechts beeinflussen. Beim Wurf wird in der letzten Wurfphase das Handgelenk in die entsprechende Richtung gedreht, in die die Kugel laufen soll. Effetwürfe sind dann hilfreich, wenn z.B. der direkte Weg durch eine gegnerische Kugel versperrt ist, oder der Boden seitlich geneigt ist. Mit dem richtigen Seiteneffet lassen sich dann die Hindernisse umschiffen, oder der Schräge etwas von ihrer Brisanz nehmen.

Wurf der Zielkugel

Ach ja, da gibt es natürlich noch die Zielkugel. Diese zu werfen ist ein wichtiger Vorteil, da man Lage und Länge der nächsten Aufnahme damit bestimmen kann, - wenn sie denn auch am vorgesehenen Platz zum liegen kommt. Deshalb lohnt es sich auch das Zielkugelwerfen zu üben. Natürlich verspringt die kleine Kugel wesentlich öfter als die größeren Boules, aber mit etwas Training bekommt man auch ein Gefühl dafür und sie landet nicht bei neun Meter, wenn der eigene Schießer besser auf sieben trifft. Hilfreich zum Abschätzen der richtigen Lage und Entfernung ist ein Mitspieler aus dem eigenen Team, der sich auf der zuvor verabredeten Stelle postiert. Dann ist die Trefferquote erfahrungsgemäss höher und es hat den Vorteil, dass es vorab auf jeden Fall eine Absprache im Team gegeben hat. Im Wettkampf hat meist ein bestimmter Spieler die Rolle, die Zielkugel zu werfen.

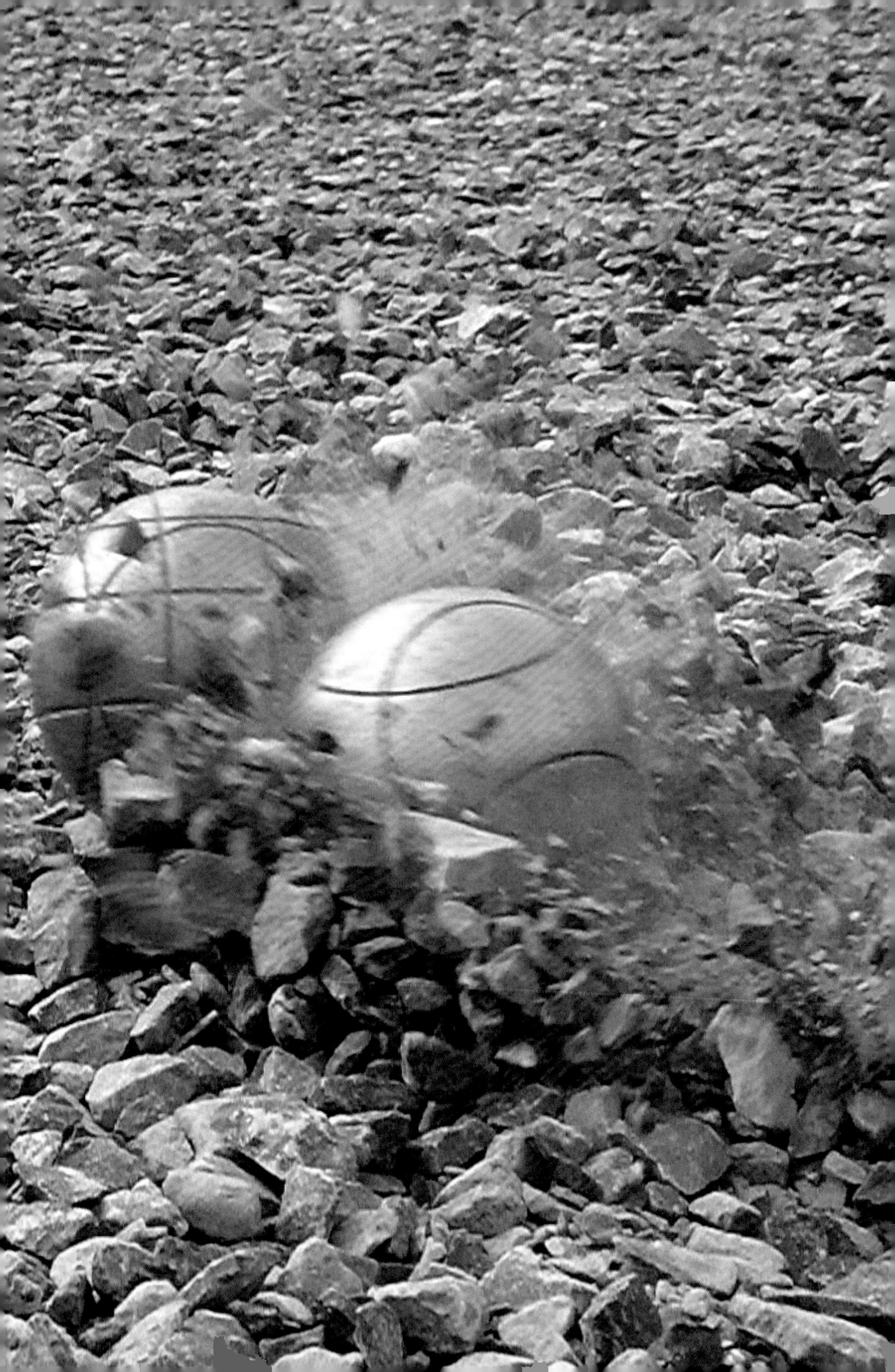

Der Schießer (tireur)

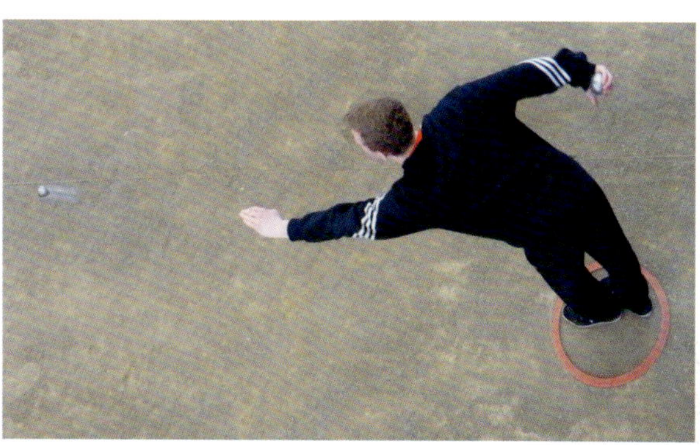

Auch der Schießer (Tieur) macht im Wesentlichen die gleiche Wurfbewegung wie der Leger. Er holt weiter nach hinten aus und im der Endphase zeigt die gestreckte Hand auf das Ziel. Geschossen wird meist aus dem Stand. Das Schießen ist fast immer der zweite Teil in einem Boule Leben. Als Anfänger versucht man es natürlich, es ist ja auch elegant und spektakulär. Außerdem bekommt der Schießer für einen guten Schuss meist auch einen direkten, positiven Feedback im Team und jedes Carreau hebt die Euphorie. Fast immer bringt ein Treffer dem Team einen direkten Vorteil, oder befreit es aus einer prekären Lage. Leider ist die Sache recht kompliziert und man schießt anfangs regelmäßig vorbei, schießt ein Loch (im Boden). Kein Wunder eine Kugel aus sechs bis 10 Metern präzise zu treffen und das noch einigermaßen häufig, ist mehr als schwierig und erfordert viele, viele Stunden Übung. Geht der Schuss daneben ist die Kugel aus dem Spiel, hat das Spielfeld verlassen, oder liegt weit ab vom Geschehen. Deshalb ist das Schießen bei Anfängern nicht so beliebt, der Frust ist grösser als der Spaß und eine gut gelegte Kugel könnte ja auch weiterhelfen...Das stimmt schon, nur wie oft passiert es, das man plötzlich zwei oder drei Kugeln verlegt hat und erst einmal hoffnungslos im Kugelnachteil ist. Wenn ein Schuss angesagt ist, dann schießt man gleich. Wenn es nicht klappt, dann kann man meist noch etwas retten, oder zumindest die verlorenen Punkte in Grenzen halten. Erst mal eine legen und dann schießen, birgt eine wesentlich größere Gefahr. Entweder macht die eigene, zuvor gelegte Kugel das Schießen schwieriger, oder man läuft Gefahr, dass auch später nicht getroffen wird und der Gegner im Gegenzug für viele Punkte schießen kann. Oft passieren beim Schuss Dinge, die sich nicht voraussagen lassen. Beim schießen kann erst mal alles passieren. Deshalb ist ein Schuss mit der letzten Kugel besonders gefährlich und will gut überlegt und im Team abgesprochen sein. Mit dem Schießen bekommt das Spiel erst seinen wirklichen Reiz und eröffnet das ganze Spektrum der taktischen Möglichkeiten. Oft entsteht das spannende Duell zwischen Leger und Schießer. Der Leger legt gut, der Schießer muss in den Kreis, das nennt man den Schießer leermachen. Der Reiz ist, den Schießer zu locken – vielleicht trifft er ja nicht richtig, oder vorbei. Erst einmal hat der Schießer den Druck auszuhalten und damit umgehen zu können ist mindestens genauso schwierig, wie die Technik. Wenn der Schießer unsicher ist ob er trifft, klappt das auch meist nicht. Die richtige Einstellung ist das A und O eines guten Schießers. Er ist heiß darauf, eine gute Kugel des Gegners zu entsorgen und wenn sie schwierig zu schießen ist, umso besser. Das beste Motto des Schießers ist: Yes, I can !

Wie beim Legen gibt es auch beim Schießen drei Grundformen

Auf Eisen schießen (Tir au fer),

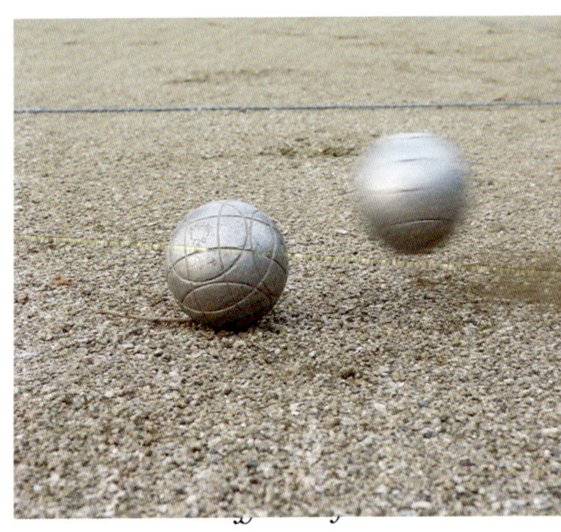

bezeichnet man den direkten

Schuss auf die generische Kugel, ohne das die eigene zuvor den Boden berührt. Das ist die schwierigste Version, aber auch die effektivste und erfolgreichste – wenn man trifft. Der perfekte Schuß auf Eisen endet mit einem Carreau sur place. Die gegnerische Kugel wird dabei in einem Winkel von ca. 45 Grad vorn, von oben und mit Rückeffet getroffen. Der Rückeffet bewirkt, dass die Gegnerkugel hochgehoben wird und die Schusskugel sich darunter drückt. Beide haben so ihre Plätze getauscht, die gesamte Energie der Schusskugel wird an die liegende Kugel übertragen. Der Vorteil für das Team liegt klar auf der Hand. Die gegnerische Kugel ist entsorgt und der Schiesser hat gleichzeitig eine Punktkugel gelegt. Bleibt die Schusskugel sehr nah im Bereich der geschossen liegen, nennt man das einen Carreau. Kommt die Schusskugel nach dem Treffer auf die Gegnerkugel deutlich näher an die kleine Zielkugel heran, so hat der Akteur ein Palet gespielt.

Die am häufigsten angewandte Technik ist **der Schuss kurz vor die gegnerische Kugel**. (Tir devant). Bei diese Variante muss primär die Richtung stimmen. Der Bogen und die exakte Entfernung zum Auftreffpunkt können etwas variieren und führen trotzdem zum Erfolg; außerdem schießt man nicht über die Kugel hinweg, oder trifft sie direkt von oben, was auch nicht zum Erfolg führt. Das Problem beim Tir devant ist, das die Kugel beim Aufprall auf dem Boden verspringen kann. Auch hier hilft das Donee vor den Schuß zu präparieren. Um sie nicht über die anvisierte Kugel springen zu lassen, wird ein Rückeffet mitgegeben. Die Schusskugel verliert beim Boden - und Kugelkontakt Energie und bleibt so eher in der Nähe des Ziels liegen.

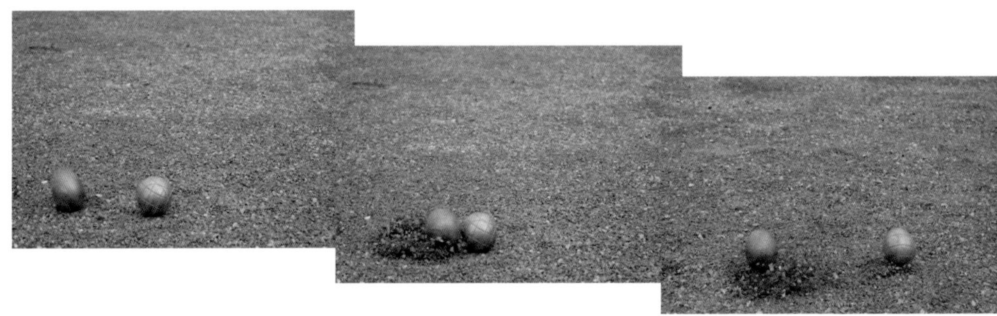

Tir devant - der Schuss vor die Kugel. *Die Spielkugel setzt vor der zu treffenden Kugel auf und befördert diese von ihrem Platz weg. Der Auftreffpunkt der Schusskugel kann auch weiter davor liegen, allerdings mit der Gefahr, dass sie dann über die Zielkugel springt.*

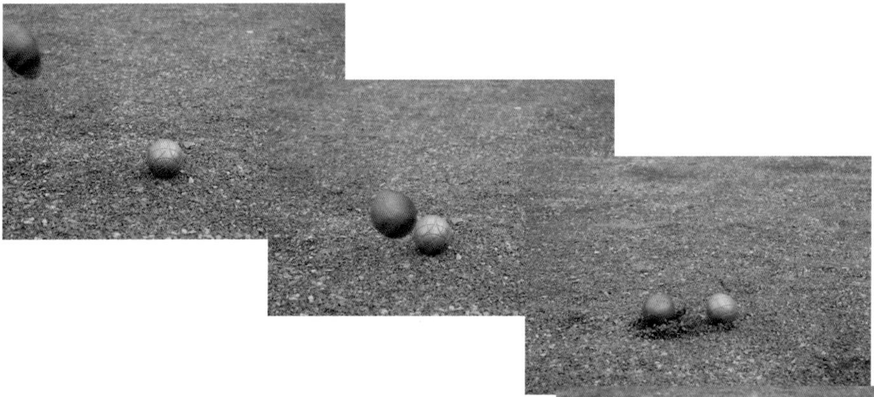

Carreau sur place

Die Schusskugel trifft die Zielkugel direkt mittig und drückt sie in ca. 45 Grad in Richtung des Bodens. Dadurch wird die gesamte Energie der Schusskugel an die getroffene Kugel abgegeben. Diese wird weg-katapultiert und die Schusskugel verbleibt am ursprünglichem Platz.

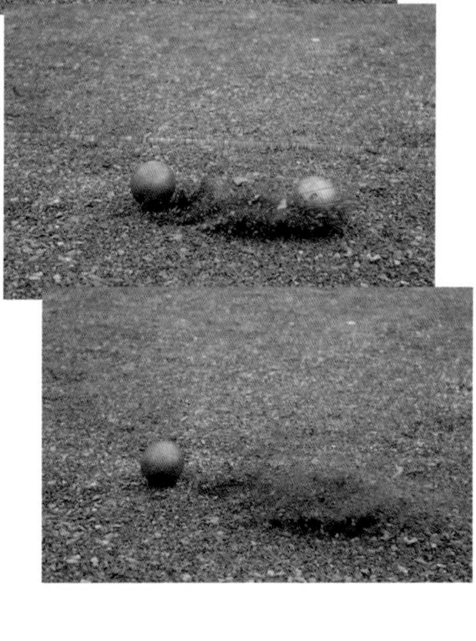

Der Flachschuss (Raspaille, oder a la rafle), wird auch etwas abfällig Raclette genannt, nach dem schweizer Käse. Wer´s nicht richtig kann, schießt flach – und lieget damit voll daneben. Richtiger ist: Wer´s nicht kann, schießt hoch, auch wenn es nicht angesagt ist. Richtig ist, das viele Anfänger erst einmal flach in den Kugelhaufen reinballern. Hauptsache es tut sich was und flach kann man nicht drüberschießen und das ist weit effektiver als ein Loch zu produzieren. Allerdings, jede Technik hat auch ihre starken Seiten. Mit einem, mit hoher Geschwindigkeit gespieltem Flachschuss, lassen sich gezielt mehrere Kugeln bewegen und bei Bedarf beseitigen. Außerdem kann die Zielkugel bis zu 20 Meter weit entfernt liegen, dann wird es schon mehr als schwierig im Bogen überhaupt so weit zu kommen, geschweige denn zu treffen. Für den Flachschuss muss natürlich der Weg zur Kugel frei und ohne andere, größere Hindernisse sein. Man setzt die Kugel in Bodennähe mit viel Geschwindigkeit und Rückeffet auf, damit die Schusskugel von Bodenunebenheiten oder kleinen Steinchen möglichst nicht abgelenkt wird. Diese werden dann erst wirksam, wenn die Kugel langsamer wird. Da diese Variation dem Legen ähnlich ist, muss man natürlich auch vorab die Laufstrecke genau in Augenschein nehmen, speziell das Donné wird als erster Aufsetzpunkt für den weiteren Lauf der Kugel von Bedeutung sein.

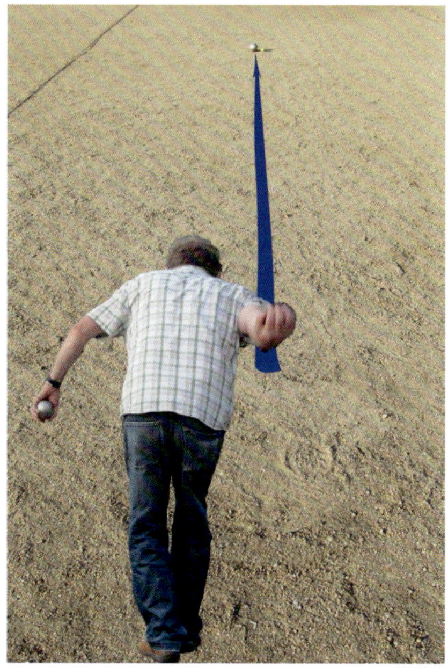

Flachschuss

Spezielle Techniken

möchte ich hier noch vorstellen. Wie man gleich sehen wird, sind dies Techniken die, wenn man sie übt und beherrscht, im spieltaktischen Verlauf einer Aufnahme eine wichtige Rolle spielen können. Kurz gesagt, das erweiterte Repertoire an Möglichkeiten kann den Punkt- oder Spielgewinn ausmachen.

Das Bandenspiel (Le Bec). Wie beim Billard die Bande, können wir eine andere Kugel dazu benutzen unserer eigenen eine neue Richtung zu geben. Sinnvoll ist das, wenn gegnerische Kugeln uns den Weg zur Zielkugel verbaut haben und wir so, durch anspielen einer anderen Kugel unsere eigene daran abprallen lassen und so doch in die Nähe der Zielkugel gelangen können. Oftmals wird diese Variante auch genutzt um weniger Risiko einzugehen. Gegnerische und eigene Kugeln liegen verteilt vor der Zielkugel, wir haben zwar den Punkt, aber noch Kugeln auf der Hand während der Gegner leer ist. Ein direktes Spiel Richtung Zielkugel birgt die Gefahr, aus Versehen die gegnerische Kugel auf Punkt zu bringen. Das wollen wir natürlich nicht. Wenn eine andere Kugel passend liegt um von ihr aus seitlich zur Zielkugel zu rollen, ist dieser sicherere Weg immer eine Überlegung wert.

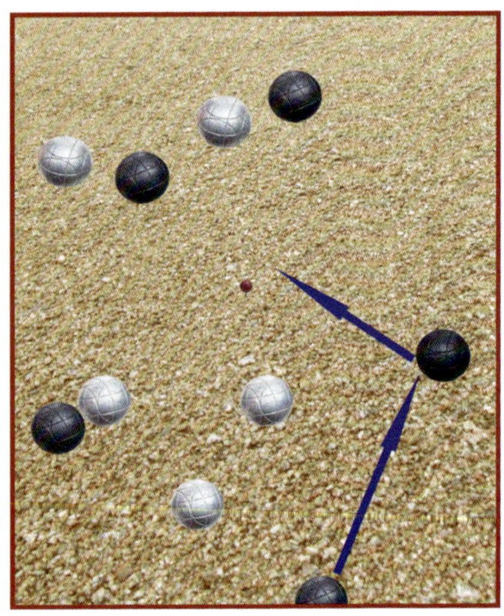

Der Weg zum Punkt ist verbaut, oder nur mit großem Risiko, versehendlich die helle Kugel vorzudrücken, zu erreichen. Alternativ le bec über die eigene Kugel .

Das Drücken einer Kugel ist eine häufig angewandte Technik. Wie das Wort schon sagt wird eine Kugel angespielt und vorgedrückt. Liegt eine gegnerische Kugel nahe an der Zielkugel, kann man sie rausdrücken und die eigene hat den Punkt. Auch das drücken der eigenen Kugel hat seine Vorteile. Entweder versuchen wir eine Kugel, die den Punkt noch nicht ganz hat, die nötigen Zentimeter vorzuschieben. Noch besser, beide Kugeln auf Punkt zu bringen.

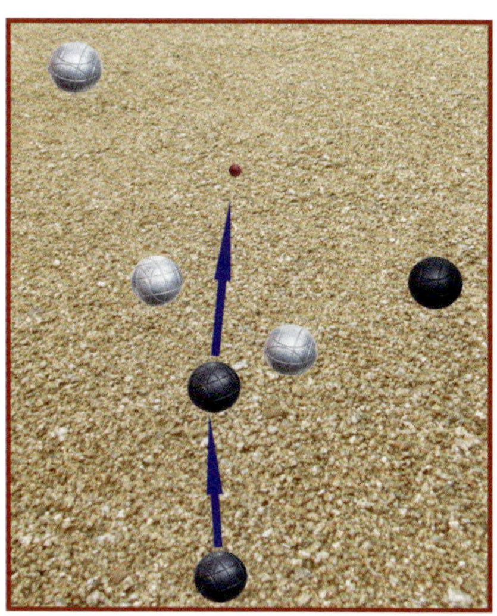

Drücken der Eigenen, bzw. der Zielkugel für 1 Punkt,oder mehr.

Natürlich kann man auch die Zielkugel verschieben (Sau ziehen), was häufig viele Punkte einbringt. Für sich, oder den Gegner. Drücken kann man mit jeder Legetechnik. Falls es der Boden zulässt, ist ein sehr weicher, halbhoher Wurf kurz davor, die beste Wahl. Soll die eigene Spielkugel möglichst mitrollen, muss ohne Rückeffet gespielt werden. Auch für das Drücken gilt, vor dem Wurf sollte man sich klarmachen, was erreicht werden soll, denn verlegt man so eine Kugel, ist sie oft viel zu weit vom eigentlichen Geschehen entfernt.

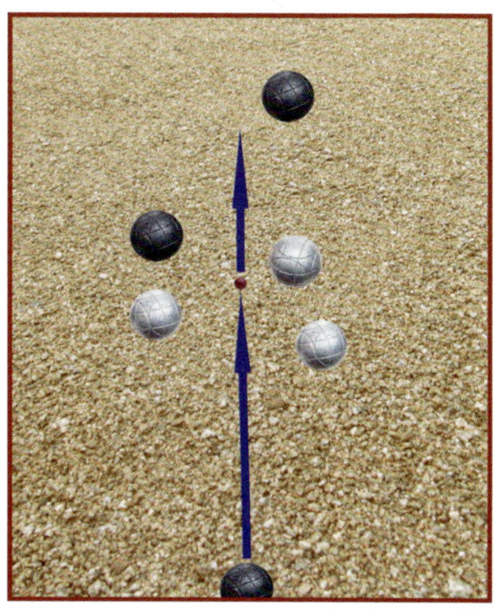

Das Anlegen (devant legen, davor) an eine Kugel ist die filigrane Version des Drückens. Es wird versucht seine Kugel genau vor eine schon liegende Kugel zu platzieren. Relativ einfach ist dies noch, wenn die Gegnerkugel hinter der Zielkugel liegt, die man dann als Bremse für die Eigene benutzen kann. Rollt die Gegnerkugel dabei ein paar Zentimerter weiter. Ist das auch ok, der Punkt ist doch erreicht.

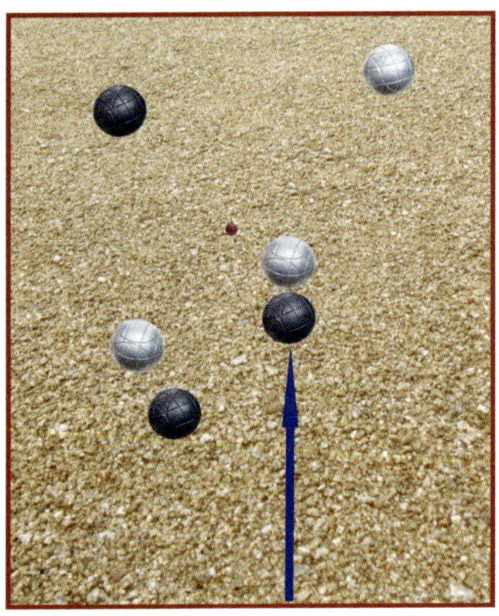

Dieses Bild wird fustrierend auf den Gegner wirken. Wenn hell leer ist, und dunkel hat noch zwei Kugeln, mit der Option für 5 Punkte

Ein Devant hat meist den Sinn, dem gegnerischen Schiesser das Leben schwer zu machen, oder bei einer Aufnahme mögl. wenige Punkte abzugeben.

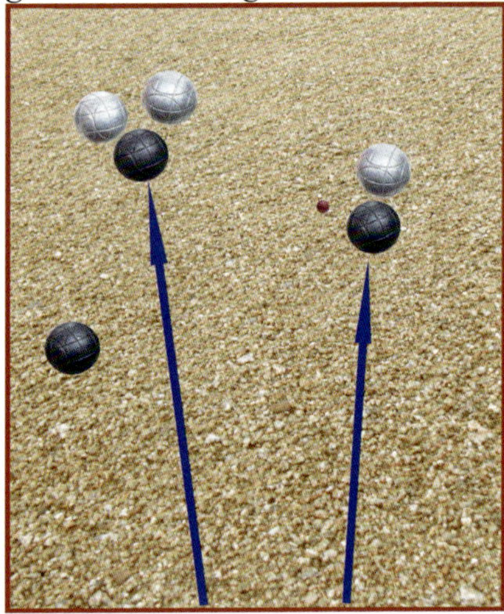

Liegen zwei Kugeln press aneinander und es wird auf die Vordere geschossen, bleibt sie fast immer liegen und die hintere wird davon katapultiert. Legen wir unsere Kugel direkt vor eine Gegnerische, wird der Schiesser zwei seiner Kugeln für die Entsorgung einplanen müssen. Da wir uns natürlich seine Punktkugel ausgesucht haben, geht er das Risiko ein, zuerst seine Punktkugel wegzuschießen. Das erhöht den Druck auf ihn gewaltig.

Die Schere ist ein probates Mittel, gleich zwei der gegnerischen Kugeln aus dem Punktebereich zu entfernen. Gut eignet sich für diesen Versuch ein Flachschuss, da hier mit viel Geschwindigkeit gespielt wird und die Wirkung auf beide Kugeln entsprechend gross ist. Der Schuss auf Eisen ist natürlich auch möglich, erfordert aber eine wesentlich höhere Präzision.

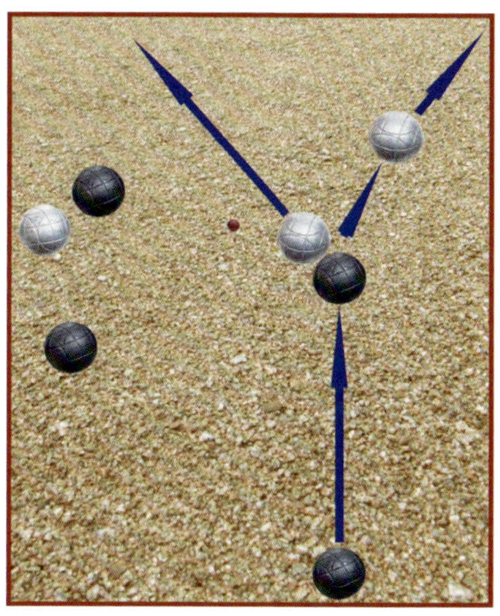

Schwarz kann hier mit der Schere beide hellen Kugeln entfernen, indem er erst die vordere trifft und aus dem Spiel bringt und dann mit dem Abpraller die zweite entsorgt.

Effetwürfe. Außer dem Rükkeffet sind noch Effetwürfe mit seitlichem Effet möglich. Dies sind die wohl schwierigsten Techniken beim Boule. Durch schrägstellen der Hand beim Abwurf wird die Kugel beim Auftreffen und Ausrollen eine leicht bogenförmige Bahn beschreiben und man kann so um Hindernisse herumspielen. Soll der Effet grösser ausfallen, wird das Handgelenk beim Abwurf in der entsprechenden Richtung schneller gedreht. Ein größt möglicher Winkel ist dabei mit einem extremen Hochportee mit Rück- u. Seiteffet erreichbar. Je gleichmässiger das Terrain dabei ist, je eher kommt die Kugel auch auf die anviersierte Stelle. Auch wenn eine einigermassen zufriedenstellende Erfolgsquote erst nach sehr vielen Übunsstunden erreicht wird, ist der Effetwurf auch häufig einfach die sicherere Variante, die man einfach einmal versuchen kann.

Eine entsprechende Übung zum Effetwurf gibt es im Kapitel Training,.

Das Terrain

Ist der variable Bestandteil des Boulespiels. Anders als bei vielen anderen Ballsportarten spielen wir unser Petanque bewusst nicht auf einem möglichst normiertem und glattem Untergrund. Selbst bei den eng verwandten Boule Sportarten wie Boule lyonnaise, Boule bretonne, Boccia oder Bowls wird auf planen Untergründen gespielt, um das Legen der Kugeln berechenbarer zu machen. Unser Spiel soll ja überall gespielt werden können und wenn man sich bei manchem Boule Verein das Spielgelände anschaut, könnte man zu dem Schluss kommen, dass bei den Bauarbeiten das Geld ausgegangen wäre, oder der Platz in Zukunft noch eine schöne Oberfläche bekommen soll. Nein weit gefehlt, meist alles Absicht. Auf einem größeren Gelände versucht man häufig auch verschiedene Beläge, von gut bespielbarer wassergebundener Decke, über Feinsplitt bis zu wirklich gemeinem, unregelmäßigem Untergrund mit vielen Steinen, alles parat zu haben. Die Kunst, gerade des Legers im Team, ist es mit allen möglichen Untergründen zurechtzukommen – oder zumindest besser als sein Kontrahent. Bei Ligaspielen mit mehreren Liegen ist klar ersichtlich, welche Liga auf welchem Terrain spielen muss. Je höher, je schwieriger der Untergrund. Auch hier heißt es, möglichst viele verschiedene Plätze kennen zu lernen ist Teil der Übungsaufgabe. Jeder Platz verändert sich in seinen Spieleigenschaften noch dazu. Ist am frühen Morgen ein Platz weich und wie Sahne zu spielen, kann er, durch die Einstrahlung der Sonne, am späten Nachmittag schon bretthart sein und die am Morgen soft zum Ziel laufenden Kugeln, benehmen sich komplett anders, springen unkontrollierter und laufen viel weiter.

Neben dem Belag ist natürlich das Relief der Spielfläche ein Faktor. Nur die wenigsten Plätze sind absolut waagerecht in allen Richtungen. Es gibt mehr oder weniger leichte Schrägen, Stei-

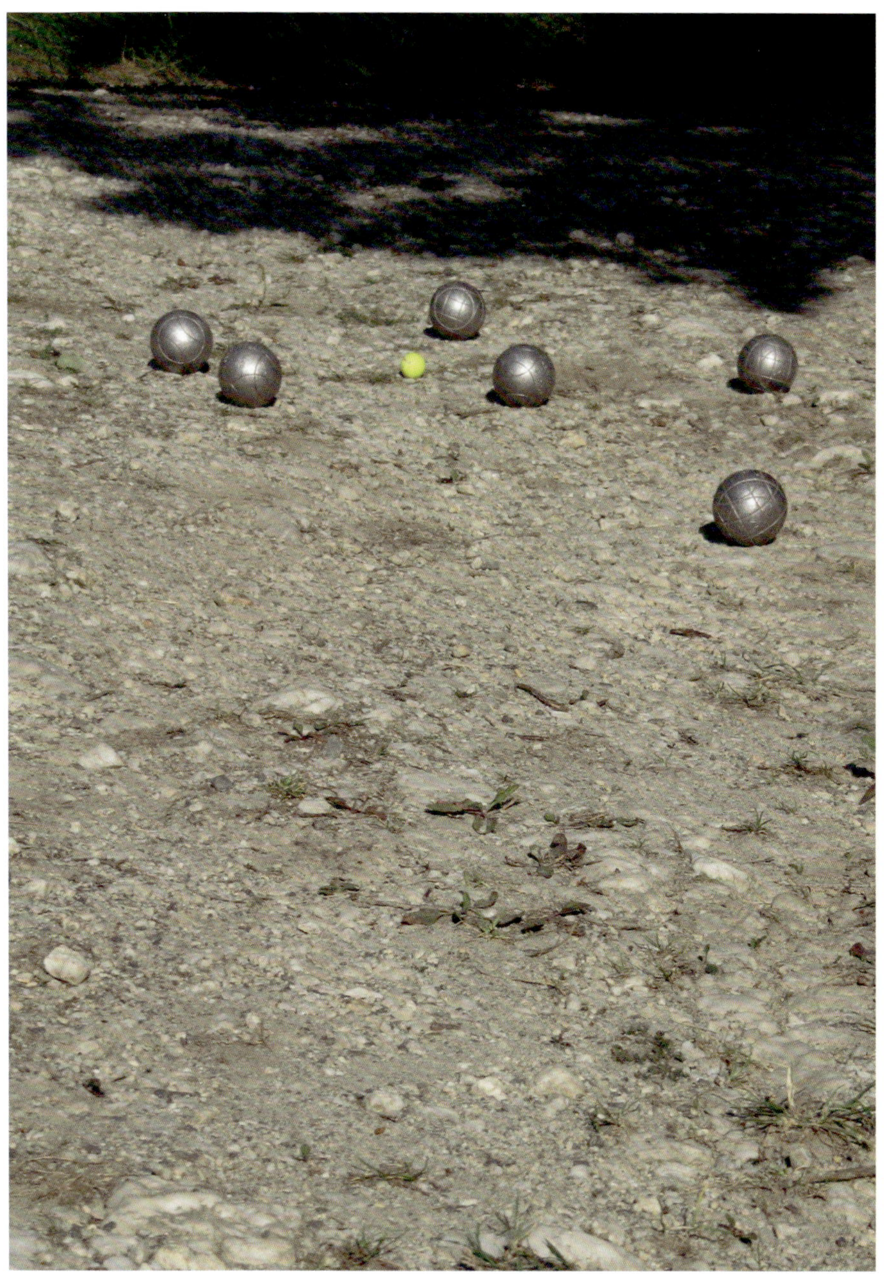

Ein schwierg zu spielendes Terrain macht das Spiel besonders interessant.

gungen, Rinnen, Erhebungen oder Gefälle. Dies gilt es vor dem Wurf genauestens zu inspizieren und sich darauf einzustellen um seinen Wurf entsprechend anzupassen. Schon ein paar Grad Gefälle lassen die Kugeln sehr viel weiter laufen und wenn man auf einer eingezeichneten Bahn spielt, kann man sich gleich auf zwei Längen einstellen (bergab und bergauf). Vor jedem Spiel sollte man sich immer Zeit nehmen, Kugeln zu werfen und beobachten was sie machen. Sich mit dem Gelände vertraut machen. Das Thema Gelände ist grenzenlos und über nichts lässt sich beim Boule mehr diskutieren. Oft soll das Gelände der Übeltäter gewesen sein – wenn das Spiel verloren wurde. Grundsätzlich stimmt die Überlegung bei hartem Untergrund eher flach zu spielen und bei weichem eher höher, aber halt nur Grundsätzlich. Im Extremfall heißt das ja auch, auf Beton mit ein paar Steinchen springt jede hoch gespielte Kugel wie ein Flummy weg (Vorsicht Gefahr!) und in tiefem Kies oder Matsch ist nicht viel mit rollen.

Im Boulodrome ist die Spielfläche häufig in rechteckige Parzellen von ca. 4 x 15 Meter aufgeteilt. Abgetrennt durch Schnüre auf dem Boden, das Ganze dann von Holzbalken umfasst. Meist gehört die Fläche einem Verein, einer Gemeinde oder ist privat. Jemand kümmert sich darum, sie Instand zu halten und zu pflegen. Es ist selbstverständlich, dass man vorab nachfragt, ob man darauf spielen darf. Dies wird wohl auch nie verweigert werden. Denken sie immer mit, ein schöner Platz sollte auch nach dem Spielen noch genauso gut aussehen. Das Einzige was an sie erinnern sollte sind schöne Spiele und vielleicht die Kugelabdrücke im Boden.

Vor dem Spiel ist abzuklären, wann eine Kugel im Aus ist. Spielt man **Carree,** gilt nur die bespielte Bahn als Spielfläche. Sind Seile gespannt ist die Kugel erst dann aus, wenn sie mit ihrem vollen Durchmesser über die Schnur gelaufen ist. Stößt sie an eine Begrenzung, wird sie auch aus dem Spiel genommen. Spielt man offen, gilt die links und rechts angrenzende Bahn als Spielfläche: Kopf- und Fußseite sind weiterhin direkt aus. Die Zielkugel muss allerdings beim Anwurf in der eigentlichen Spielbahn zum Liegen kommen, meist min. 50 cm zum Seitenaus und min. 1 Meter Platz bis zur Kopflinie.

Spielen wir **Terrain Libre** in der freien Natur, stehen dem Spaß keine Grenzen im Weg. Besser gesagt, nur die welche vorher untereinander vereinbart wurden und unter Umständen ein paar nicht einkalkulierte. Bleiben wir erst einmal bei der Absprache. Es ist immer sinnvoll zu versuchen vor dem Spiel alle Eventualitäten abzuklären. Wo ist die Kugel im Aus, und wann – wenn man die Zielkugel z.B. nicht mehr sehen kann, da sie im Gras verschwunden ist. Was passiert, wenn die Kugel ein Hindernis trifft (Parkbank, Mauer etc.). In Frankreich wird hier oft auch ohne Kugelaus gespielt. Man kann also den Kontakt mit der Mauer, oder was da auch immer ist, bewusst mit einplanen. Was wird gemacht, wenn eine Kugel versehentlich verschoben wird. Im Spiel gilt alles, was vorher abgesprochen war, oder beide Teams akzeptieren. Hunde finden Kugeln toll und wollen oft mitspielen. Kugelbesitzer finden Hunde meist nicht so toll, besonders nicht ihre Hinterlassenschaften. Auch ein Grund sich das Gelände gut anzusehen. Vergessen sie bitte auch nie, dass eine herumfliegende Boulekugel eine sehr gefährliche Sache ist. Vorsicht und Schutz Aller hat immer oberste Priorität, was natürlich auch auf dem Boulodrome gilt. Hat man ein geeignetes Gelände ausgedeutet und sich abgesprochen, gilt dass der Abwurfkreis mindestens 1 Meter von Hindernissen entfernt sein muss und die Zielkugel min. 6, max. 10 Meter weit geworfen werden kann. Nach der Aufnahme wird der neue Kreis um die liegende Zielkugel herum eingezeichnet und man spielt von dort aus weiter. Wenn man will, und die Aufnahmen gewinnt, kann man so nach Belieben den ganzen Platz erkunden, oder den Gegner aus dem Konzept bringen, damit er seine Konzentration nicht aufrecht halten kann. Zum Beispiel wenn er sich irgendwo häuslich eingerichtet hat, mit Stuhl und Getränk und dort auch gerne spielen würde und nicht seine Sachen durch den ganzen Park mit rumschleppen wollte und dann nach jede Aufnahme erstmal seine Sachen holen muss. Doch das gehört eher zu den kleinen taktischen Raffinessen.

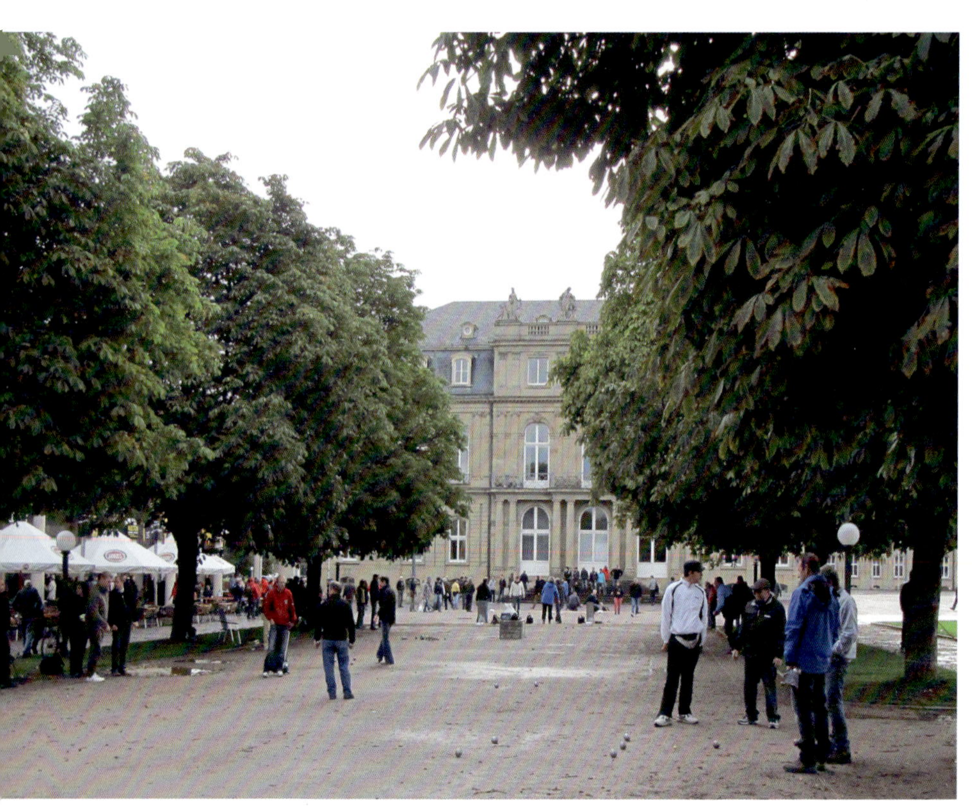

Taktik beim Boule

ein Areal ohne Grenzen, vielfältig und endlos und bestimmt genügend Material für ein eigenes Buch. Hier soll keine taktische Anleitung in vielen Facetten gezeigt werden. Allerdings ist ein bisschen Taktik auch für jeden Hobbyspieler, der nur ab und an bei schönem Wetter mal im Park spielt eine Überlegung wert. Auch wenn man die hauptsächliche Intention seines Spiels in Entspannung, Spaß und Freunde treffen, oder soziale Kontakte aufrecht erhalten sieht, möchte man doch gerne besser spielen, oder zumindest gewinnen. Um das Ganze etwas zu strukturieren, teilen wir die Taktik vorab in die Kategorien Spieltaktik und psychologische Taktiken ein. Zwei Punkte sind dazu vorab schon einmal festzustellen. Die Taktik ist oft der spielentscheidende Faktor und nicht unbedingt die Spielstärke. Der Zusammenhalt und die Stimmung im Team sind eminent wichtig und genauso spielentscheidend.

Grundlage jeder im Team aufgestellten Strategie für ein Spiel ist natürlich das richtige Einschätzen der eigenen Stärken und Schwächen. Kennt man dazu noch die Spieler der Gegnermannschaft, lassen sich die strategischen Vorstellungen noch besser planen. Offensiv, defensiv oder auch bewusst Anfangs mit Rollen und Flachschuss um dem Gegner ein falsches Bild zu suggerieren. Genauso kann unser Leger auch erst einmal mit seinen guten Hochportees auftrumpfen um den Gegner einzuschüchtern auch wenn sie gar nicht so gut sind. Man kann sie ja auch etwas besser reden. Ist der Gegner ein gutes Legerteam, ist es sinnvoll ihn mit besserem Legen zu knacken und nicht gleich unseren Schießer vorzuschicken, denn damit haben sie gerechnet. Das war ihre Strategie und Taktik. Dann müssen sie vielleicht doch schießen, was sie nicht so gut können. Unsere Strategie ist die Planung vor dem Spiel, dazu gehört z.B. auch die Mannschaftsaufstellung. Die Umsetzung im Spiel ist dann unsere Taktik.

Zu den strategischen Überlegungen gehört auch, den Spielablauf in Phasen einzuteilen.

Die Anfangsphase des Spiels hat mit ihrer ersten Aufnahme schon eine gewisse psychologische Auswirkung auf die Spieler. Erster Frust oder Motivation für mehr tritt auf und man kann ausloten ob es bei sich und der Mannschaft läuft, oder nicht. Oft sind Teams in der ersten Aufnahme noch gar nicht wirklich im Spiel angekommen, zum Teil mit fatalen Folgen, denn der erste Punkt kann genauso wichtig sein wie der Letzte. Man lotet die andere Mannschaft aus und versucht die Form der einzelnen Spieler einzuschätzen. Bis zum fünften oder sechsten Punkt kann man noch risikoreicher spielen. Liegt man vorn, ist alles bestens. Liegt man deutlich hinten, ist Teamgeist und neue Motivation gefragt. Das Spiel endet, wie man weiß, erst bei 13, also alles noch kein Problem. Trifft der gegnerische Schießer gut, sollte man ihm keine weiteren Kugeln hinlegen, sondern der eigene Schießer ist gefordert, damit der generische Schießer in die Legerposition wechseln muss und dadurch ev. seinen Rhythmus verliert. Trifft der Gegner nicht, sollten wir ihn mit gut gelegten Kugeln weiter verunsichern. Da hilft dann für ihn nur Schießen und er muss schon wieder ran, obwohl es doch gerade nicht so läuft.

In der mittleren Phase, ab dem siebten Punkt, heißt es Vorsicht walten zu lassen. Ein plötzliches Aus droht! Jetzt ist die Arbeitsphase des Spiels angebrochen. Der Gegner wurde analysiert und es gilt Maßnahmen für Punktgewinne auszudeuten (Distanz- und Geländewahl). Bei langen Distanzen werden meist weniger Punkte in einer Aufnahme erzielt. Liegen wir also vorne, spielen wir eher lang um dem Gegner, falls wir die Aufnahme verlieren sollten, möglichst wenige Punkte zu lassen. Sind wir hinten, spielen wir eher kurz. Wenn es nicht so läuft, wie es sollte, kann man auch überlegen, ob ein Drehen im Team sinnvoll sein könnte. Drehen bedeutet hier die Positionen zu wechseln. Der Leger schießt, der Schießer legt, oder im Triplette tauscht man eine oder alle Positionen. Entweder um sich mit der neuen Aufgabe auch neu konzentrieren zu können, oder den Mitspieler, oder sich, in einer schwachen Phase zu entlasten und einfach etwas Verantwortung zu übertragen. Auch wirkt sich das Drehen auf die gegnerische Mannschaft aus und der Spielfluss wird unterbrochen da auch sie sich neu auf das Spiel einstellen müssen. Spielen wir gegen einen starken Gegner, ist nun eher Risiko angesagt, da er bei jeder neuen Aufnahme seine Klasse ausspielen könnte.

In der Endphase ist es wichtig dem Gegner möglichst jede Chance für viele Punkte zu nehmen. Umgekehrt sollte man auch immer im Kopf behalten, ob durch ein risikoreicheres Spiel das Spiel für sich zu beenden wäre. Bei neun Zählern auf dem eigenen Konto kann man schon mal mit den zwei letzten Kugeln für vier Punkte und Schluss schießen. Andererseits kann es besser sein einen Punkt zu nehmen und seine letzte Kugel nicht zu spielen, als mit einer sehr risikoreichen Aktion dem Gegner Punkte zuzuschieben. Haben wir einen schwächeren Gegner, sind wir eher vorsichtig und begnügen uns auch mit dem einen Punkt, da die Chance weitere Aufnahmen zu gewinnen, bei und liegt. Liegen wir im Endspiel hoch zurück, sollten wir auf jeden Fall kurz spielen. Außerdem sollten wir die Zielkugel möglichst nahe an das Seitenaus platzieren, um uns die Option offen zu halten, sie für eine neue Aufnahme herauszuschießen und uns so zu retten. Auch wenn es z. B. 12:12 steht und wir die Aufnahme beginnen, sollten wir möglichst weit werfen. Wir haben zwar den Vorteil uns die Länge und die Lage der Zielkugel aussuchen zu können, haben aber, da wir die erste Kugel legen müssen auch einen Kugelnachteil. Diesen können wir erst einmal nur durch eine lange Distanz minimieren. Schaffen wir dann eine erste, gute Kugel, sind die Chancen, dass der Schießer nicht trifft, oder der Leger nicht besser legt, ganz gut. Klappt es nicht, haben wir ein Problem.

Boule ist ein taktisches Spiel, bei dem laufend neue Entscheidungen im Team getroffen werden müssen. Die bei Anfängern oft praktizierte Version erst legt der Leger seine Kugeln, dann der Schießer gehört spätestens dann der Vergangenheit an, wenn der Schießer auch schießt. Das Wichtigste bei jeder Aufnahme ist, immer zu wissen wie viele Kugeln pro Mannschaft noch zu spielen sind. Wenn das nicht klar ist, zählt man alle Kugeln die auf dem Boden liegen, plus die der eigenen Mannschaft und weiß dann Bescheid. Bei Turnieren ist es oft eng, es wurde viel geschossen und so Kugeln aus dem Spiel genommen; da kann man schon mal den Überblick verlieren. Das andre Team hilft auf unsere Frage – wie viele kommen noch? - bestimmt freundlich weiter.

Wenn ein Spiel durch taktische Fehler verloren gegangen ist hat man vielleicht vergessen, dass man besser ein Devant legt um Gegnerpunkte zu minimieren und nicht versucht an die Zielkugel zu legen? Bei einem engen Bild trotz Kugelrückstand den Pulk aufgesprengt hat. Bei zwei verbliebenen Kugeln eine legt um dann doch zu schießen, oder umgedreht. Mit der letzten Kugel die Zielkugel zum Gegner zieht, oder eine gegnerische zum Punkt drückt. Die erste Kugel (und auch weitere) hinter die Zielkugel gelegt hat. Kugeln vor der Zielkugel, am Anfang der Aufnahme, nicht sofort mit einem Schuss entsorgt hat. Erst mal legt, um dann doch noch schießen zu müssen. Bei einem Rückstand resigniert hat oder sich vom Gegner hat ablenken lassen.

...und da sind wir schon beim psychologischen Faktor des Spiels.

Boule Psychologie?

Wie bei vielen Sportarten spielt beim Boule der psychologische Faktor auch mit. Zum Spiel braucht man eine gehörige Portion Konzentration, Motivation und Selbstsicherheit. Fehlt das, muss man technisch schon sehr viel besser spielen als der Gegner, um dennoch gewinnen zu können. Kann man sich, warum auch immer, nicht auf seinen Wurf konzentrieren, wird es wohl auch nichts werden. Natürlich gibt es Möglichkeiten diese Faktoren zu stärken, oder zu schwächen Bei sich und beim Gegner. Der Teamgeist in der Mannschaft ist einer davon. Das Spiel der Mitspieler immer positiv bewerten, offene Kritik an den Leistungen, oder gar lautstarke Schuldzuweisungen sind garantiert fehl am Platz und werden die Leistungen des Spielers garantiert verschlechtern. Positive Rückmeldungen werden das Selbstvertrauen stärken und auch ein - kein Problem, beim nächsten Mal klappt`s bestimmt – hilft auch über einen nicht gelungenen Wurf hinweg und neutralisiert die Spannung vor dem nächsten Versuch. Auch das entwickeln und zeigen von Gemeinsamkeit im Team ist ein Faktor. Steht das Team zusammen, zeigt es seine Stärke – Wir machen das gemeinsam! -. Beim Spiel im Park, bei dem es vorrangig um Spaß, Unterhaltung und Entspannung geht ist ein harmonisches Miteinander die eigentliche Grundlage dafür. Doch jeder ist in seiner Mentalität unterschiedlich. Es gibt die Überfreundlichen, die Verzagten, die die nicht verlieren können, die die bestimmen wollen, die die sich über jeden misslungenen Wurf ärgern, die Ruhigen und hecktischen – halt alle Typen, wie im echten Leben auch. Im Team müssen sie sich zusammenfinden und nicht nur irgendwie miteinander auskommen, sondern untereinander harmonieren und integriert sein.

Wie der Aufbau positiver Stimmung im Team, kann man natürlich auch versuchen das gegnerische Team zu verunsichern.

Das fängt damit an Stärke und Sicherheit zu zeigen und hört bei gegenseitiger Anerkennung und Aufmunterung nicht auf. Natürlich gibt es auch die gegnerischen Störfeuer und mehr oder weniger sportlichen Tricks um unsere Konzentration und unseren Spielfluss zu stören, oder uns einfach auszulaugen. Das kann von einer kleinen, störenden Aktion beim Wurf, bis zum großen Schauspiel gehen. Vom nahezu unerträglich in die Länge ziehen des Spiels bis zum aufdringlichen Mitteilungsbedürfnis. Aber auch gegen solche Mittel kann man sich Abhärten und gelassen bleiben, sich distanzieren, oder den Anderen direkt darauf ansprechen. Auch auf dieser Ebene lernt man immer weiter.

Als Beispiel: Schon vor dem eigentlichen Spiel wurde ich nett angesprochen, erster Kontakt, eigentlich recht nett. Doch hat sich das über den Anfang des Spiels hinweg weiter hingezogen. Die Konzentration war deshalb wohl nicht ganz so hoch, wie sie hätte sein können. Ein Spieler der Gegner stand mehr bei uns als bei seinem Team. Ihn deshalb wegzuschicken, macht man auch nicht. Nach der dritten Aufnahme wurde aber offensichtlich, dass dies Teil ihrer Strategie war und wir haben uns kurz besprochen und zurückgezogen. Ok, es stand 5:3 für uns. In der nächsten Aufnahme eine fast patt Situation zweier Kugeln, also messen. Unser neuer Freund hatte die letzte Kugel gelegt, hätte damit messen müssen, aber irgendwie kein Maßband zur Hand. Ein Spieler unseres Teams hat für ihn gemessen. 1 mm bei uns. Dann fing die Diskussion an, dass beim Messen eine Kugel berührt worden wäre und der Schiedsrichter jetzt keine gültige Messung mehr machen könne. Er wäre ja selbst Schiedsrichter und..... Wir haben die nächste Kugel gelegt um dem Stress zu entgehen. Einige Aufnahmen später 10:6 verabschiedet sich die Frau aus dem Team um dringend auf die Toilette zu gehen. Das zog sich dann 15 Minuten hin, unsere Konzentration war am Ende und wir verloren 10:13. Was lernt man daraus? Sich nicht vereinnahmen zu lassen, weder durch Kommunikation, noch durch Taten (das freiwillige Messen); und das menschliche Bedürfnis, nun ja, auch dafür gibt es eine offizielle Regelung, doch das würde ich persönlich, immer akzeptieren.

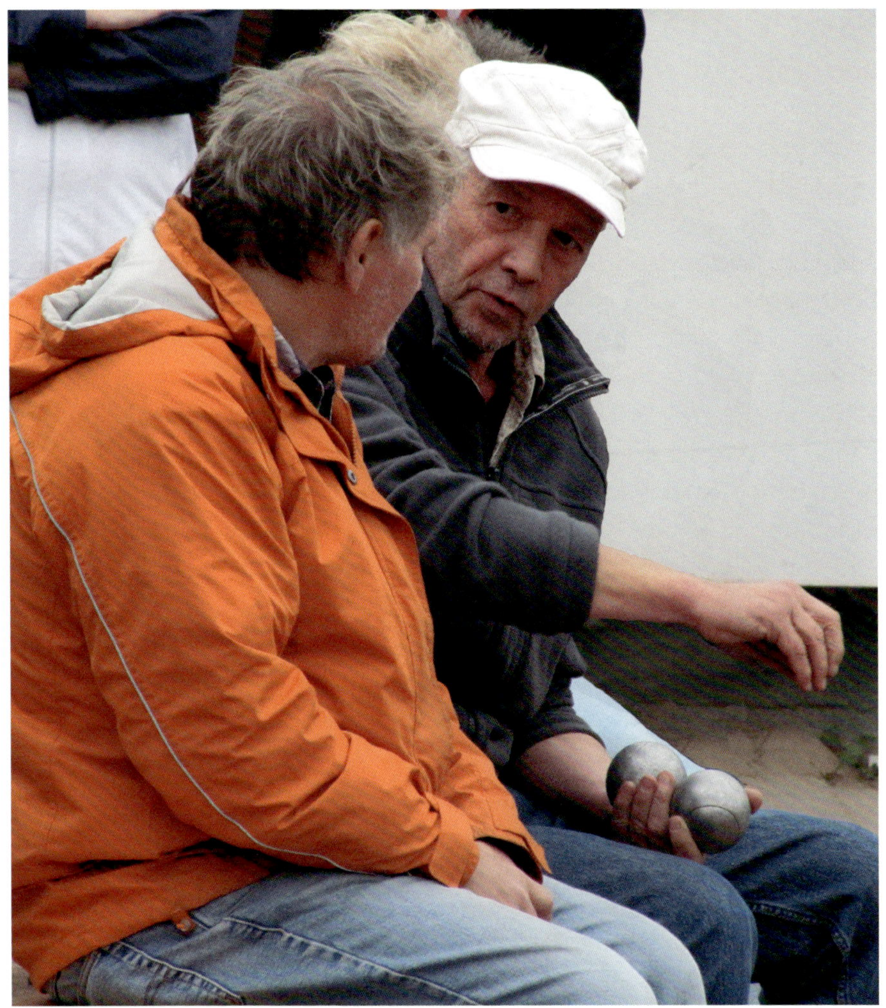

Besprechen des Spielverlaufs

Das Training

Training ist für jeden, der den Ehrgeiz hat, doch noch etwas besser zu werden die richtige Wahl. Dabei ist es erst einmal unerheblich auf welchem Niveau das stattfinden soll, es funktioniert immer. Boule zu trainieren heißt bestimmte Bewegungsmuster einzustudieren und zu automatisieren. Natürlich kann man sagen, das beste Training für mich, ist das Spiel. Gut, wer viel spielt wird natürlich mit der Zeit in seinen Aktionen auch besser und sicherer, keine Frage und für jeden, der nur mal aus Spaß im Park oder im Urlaub ein paar Kugeln wirft, reicht das auch aus. Falls man sich aber mit dem Boule Virus etwas mehr infiziert hat, sich regelmäßig trifft oder sogar in einem Boule Verein mitspielt, wird das Thema Training irgendwann auf den Tisch kommen. Wenn nicht direkt, dann zumindest in der Form. Ich schieß mich dann erst mal warm, spielt die erste Runde ohne mich. Ja, die Schießer trainieren eher und öfter, denn sie müssen ihre Bewegungsabläufe besser automatisieren, denn sie wollen ja treffen. Wenn der Leger 10 cm neben das Ziel legt, ist das immer noch eine recht gute Kugel. Beim Schießer ist das aber leider knapp vorbei -und knapp Vorbei ist auch daneben.

Nur, was soll man trainieren und wie? Was mache ich falsch? Was möchte ich erreichen. Wenn sie diese Frage für sich beantworten können, haben sie einen wichtigen Teil schon geschafft. Wenn man sich entschlossen hat zu trainieren, ist es grundsätzlich besser dies in der Gruppe zu tun. Erstens macht es dann mehr Spaß, zweitens gibt es von Anderen ein Feedback, Kritik und Ideen. Auch für den Schiesser macht es wenig Sinn eine Stunde lang konsequent auf 7 Meter zu schießen, Abwechslung ist also angesagt. Auch schon deshalb damit man nicht nur das trainiert, was man sowieso schon ganz gut kann, sondern auch das eher Ungeliebtere. Als Boule Spieler wird man besser, wenn man universeller wird und ein wirklich guter Spieler, wenn man alle Techniken kann.

Um einen Anfang zu finden wäre es eine gute Idee einen Trainingsplan aufzustellen, einmal die Woche 1 Stunde, vor dem Spielen. Sich Gedanken zu machen, was man trainieren will und dafür einen Übungsparkur mit verschiedenen Stationen auf den Boden zu zeichnen und diesen durchzuspielen. Wenn man das über einen längeren Zeitraum macht, kann man sich sukzessive an schwierigeren Aufgaben messen. Apropos, messen – sinnvoll ist auch Ergebnisse aufzuschreiben, damit eine Verbesserung auch nachvollziehbar wird.

Außer den reinen Lege- und Schießübungen ist das Training vorrangig dazu da, die eigene Technik zu verbessern. Sinn davon ist, einen möglichst kontrollierten und wiederholbaren Wurf einzuüben. Dabei wird jede Phase eines Wurfes bewusst durchlebt. Sich vor dem Wurfkreis konzentrieren und sich auf die Aufgabe vorbereiten. Im Kreis locker auf beiden Füssen stehen. Der Fuß auf der Wurfhandseite in Richtung des Ziels. Die Kugel bewusst mit Handteller, Mittel u. Ringfinger halten; den Daumen Richtung der Fingerkuppe des Zeigefingers. Den Arm mit waagerechtem Handrücken anheben, das Ziel fixieren und in gerader Linie nach hinten schwingen. Am hinteren Umkehrpunkt das Handgelenk einklappen und dann den Arm auf gleicher Linie, bis in Schulterhöhe zurückschwingen. Die Hand klappt auf und gibt die Kugel frei. Diesen Endpunkt bewusst eine Sekunde halten. Der Arm schwingt zurück und wir beenden den Wurf.

Wir erlernen den Wurf am besten, indem wir uns nur auf einen Teil des Wurfvorganges konzentrieren. Die richtige Kugelhaltung ist dabei wohl der Einfachste, aber grundlegendste Teil um später eine Kugel ohne Verzug werfen zu können. In gerader Linie zu schwingen, stellt uns da schon vor erheblich mehr

Probleme. Viele Spieler zaubern ihre Kugeln hinter dem Rücken hervor, oder holen weit seitlich aus, um dann in einer Parabel am Körper vorbei die Kugel abzuwerfen. Sie machen das teils mit einer solchen Präzision, dass man nur staunen kann. Aber jede zusätzliche Abweichung, macht den Wurf schwieriger und unberechenbarer und zeigt meist einen über eine lange Zeit eintrainierten Fehler. Denn warum schwieriger, wenn´s auch einfacher geht? Da man sich selbst am schlechtesten beim Wurf sieht, sind Mitspieler gefragt, sich kritisch den Wurf anzusehen und auf Fehler hinzuweisen. Gut ist auch, sich mit einer Videokamera beim Wurf aus verschiedenen Richtungen aufzunehmen. Ein Aha-Effekt ist da meist vorprogrammiert. Fast alle Digitalkameras haben ja mittlerweile eine Videofunktion und ein Stativ findet sich meist auch.

Auch die Übungen des Pètanque-Sportabzeichens sind eine gute und anspruchsvolle Vorlage. Gehen sie dafür einfach auf die Webseite des Deutschen Petanque Verbandes *www.petanque-dpv.de*. Unter der alphabetischen Auflistung ABC finden sie die Vorlagen zum Ausdrucken.

Auf den folgenden Seiten finden sie einige Übungsmöglichkeiten zum Einstieg und einige der schwierigeren Übungen. Obwohl, schwierig sind sie alle und es stellt sich eher die Frage: Schaffe ich eine von zehn Kugeln, oder acht. Wenn sie im Schnitt acht bei jeder Übung schaffen, können sie sich sehrwahrscheinlich den Startplatz in der Bundesligamannschaft ihrer Wahl aussuchen.

Alle Übungen spielt man aus verschiedenen Distanzen, 6 bis 10 Meter. Viel mehr Spass macht es natürlich mit mehreren Spielern. Man kann auch nach erzielten Punkten spielen und einen interessanten Wettkampf daraus machen.

Die Kugeln sind, wegen der besseren Sichtbarkeit, um ca. das vierfache vergrössert dargestellt.

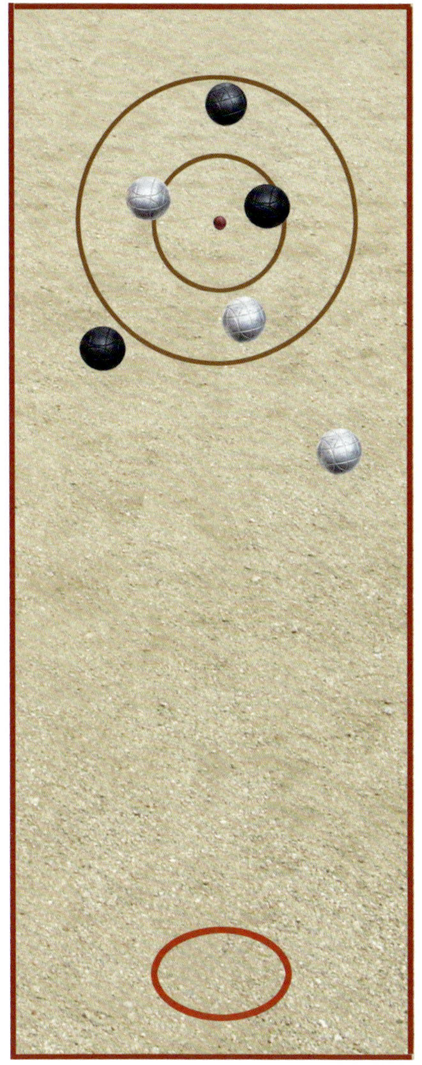

Legen :
Versuche so nah wie möglich an die Zielkugel zu legen.
Innerer Kreis, 50 cm = 2 Punkte
Äußerer Kreis, 1 m = 1 Punkt

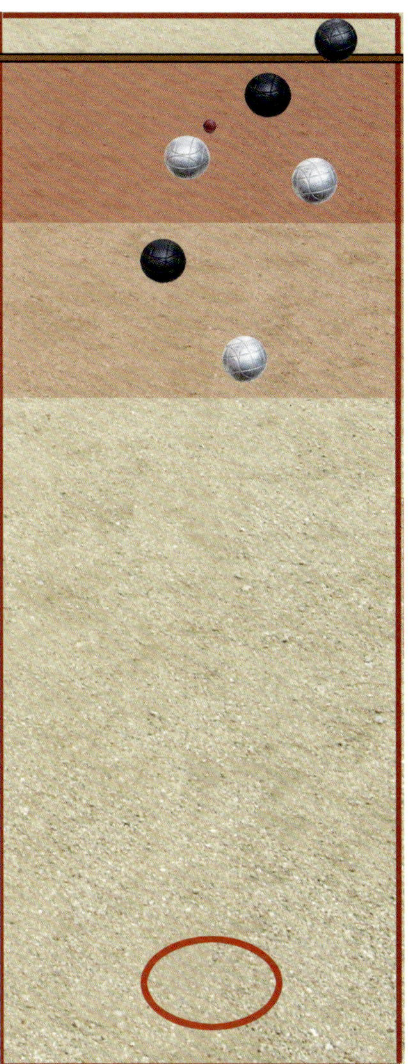

Legen :
Versuche in den Bereich der Zielkugel zu legen.
Dunkler Bereich = 2 Punkte
Heller Bereich = 1 Punkt
Hinter der Linie = - 1 Punkt

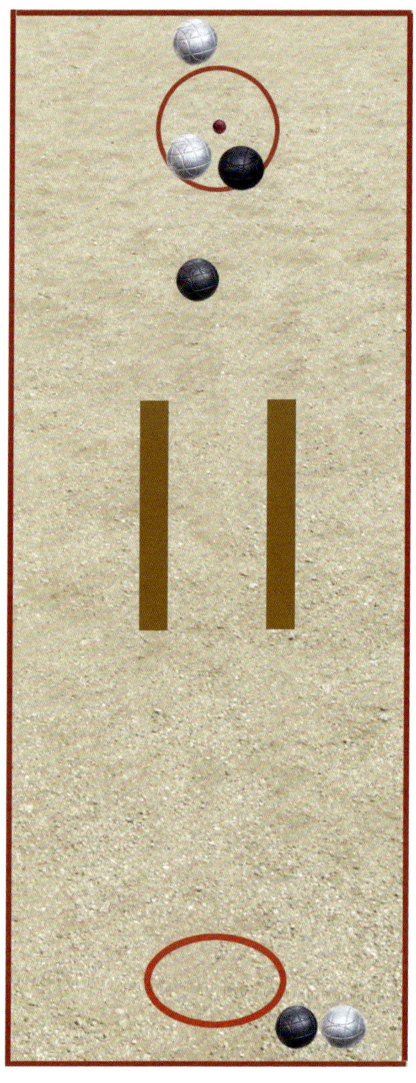

Legen :
Versuche mit geradem Lauf, zwischen zwei Balken, oder Markierungen hindurch zu spielen. Rollen, oder Halbportee.

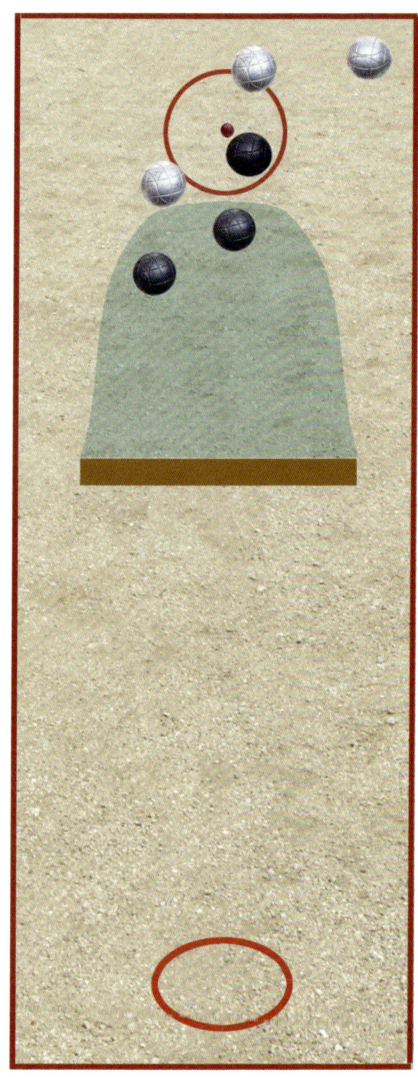

Legen :
Versuche im Halb- oder Hochportee, über das Hindernis hinweg, die Kugel in den Zielkreis zu spielen. Den Balken auf 1/2 bis 3/5 der Spiellänge legen.

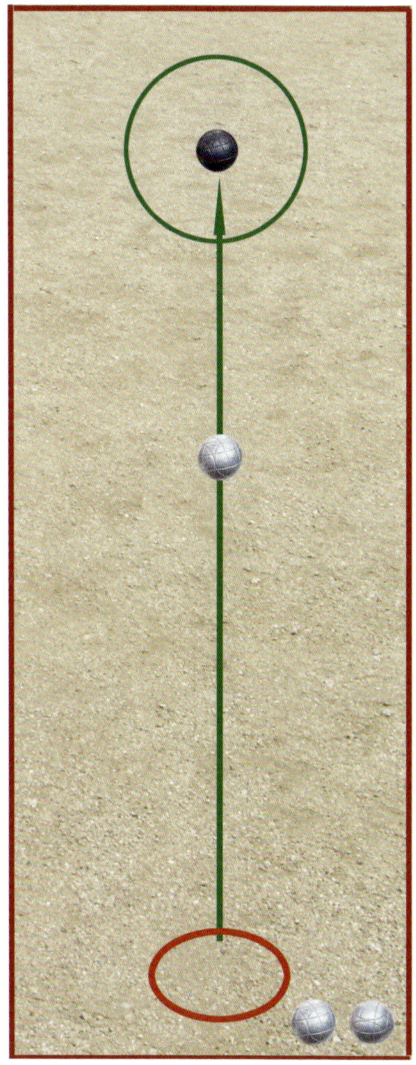

Schießen :
Versuche die schwarze Kugel aus dem Kreis zu schießen. Die Art des Schusses bleibt dabei dir überlassen. Schusskugel im Kreis gibt immer Extrapunkt

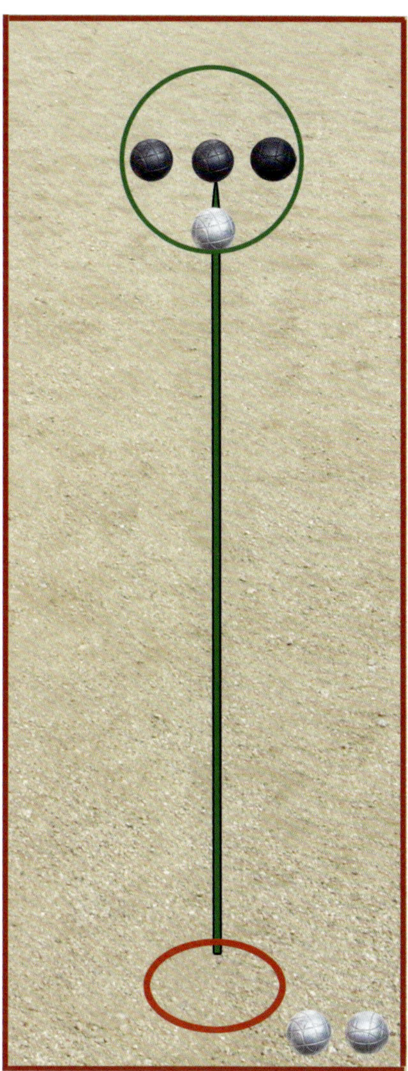

Schießen :
Schuss auf die mittlere Kugel. Die Schusskugel muss im Kreis aufsetzen (Tir devant, oder Tir au fer) und die schwarze Kugel aus dem Kreis befördern.

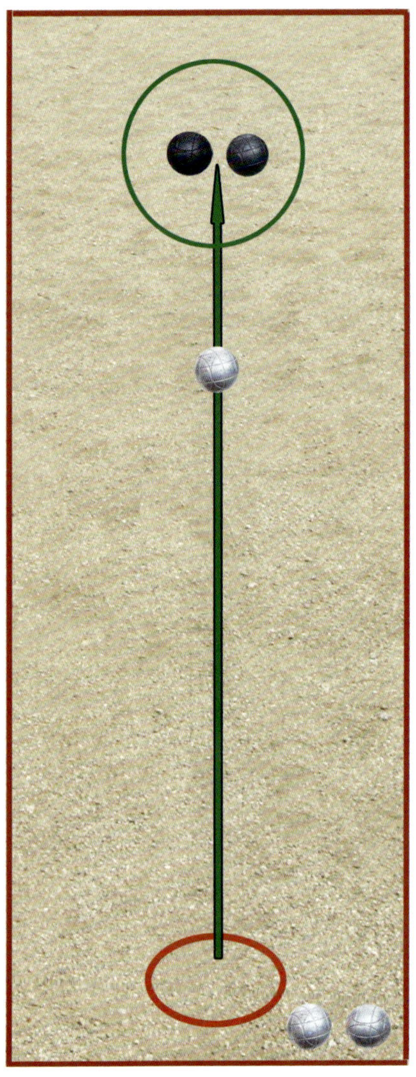

Schießen :
Schiesse mit einem Flachschuss möglichst beide Kugeln aus dem Kreis heraus. Bei ungünstigem Untergrund mit einer anderen Technik.

Schießen :
Schiesse die hintere der beiden Kugeln aus dem Kreis heraus, ohne die vordere Kugel zu berühren. Abstand der beiden Kugeln 15 cm.

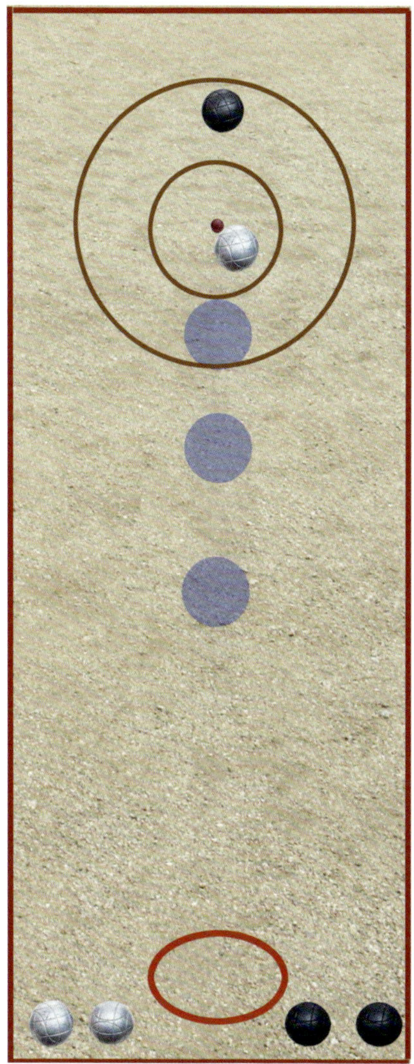

Legen, der schwierige Teil : Versuche zuerst die grauen Felder (Donee) zu treffen und dann die Kugeln in den Zielkreis rollen zu lassen. (Halbportee, und Hochportee)

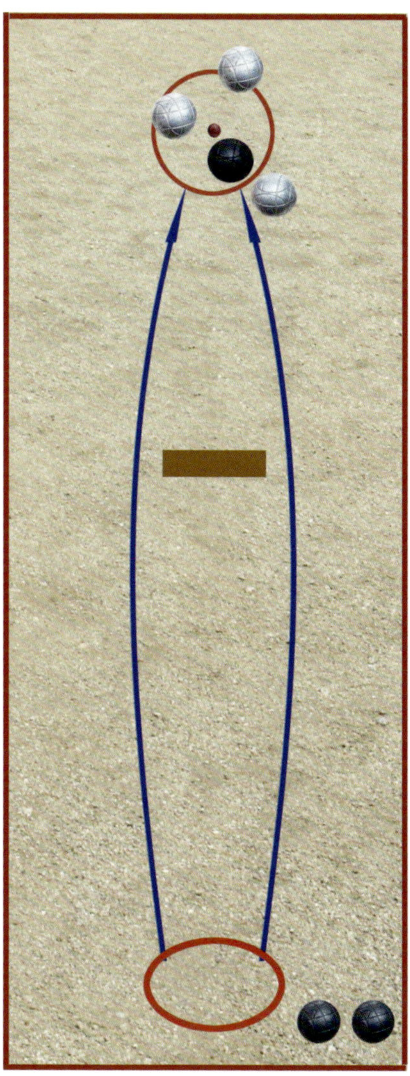

Legen, der schwierige Teil : Versuche, mit seitlichem Effet links, oder rechts, die Kugel um das Hindernis herum in den Zielkreis zu spielen.

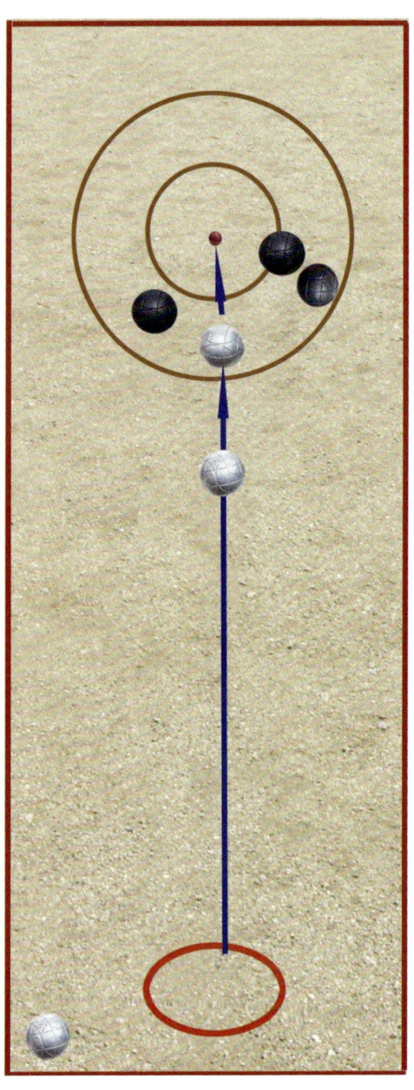

Legen, der schwierige Teil : Versuche, deine helle Kugel mit deiner Spielkugel vorzudrücken, um den Punkt zu bekommen. Alternativ: versuche die Zielkugel nach hinten zu spielen.

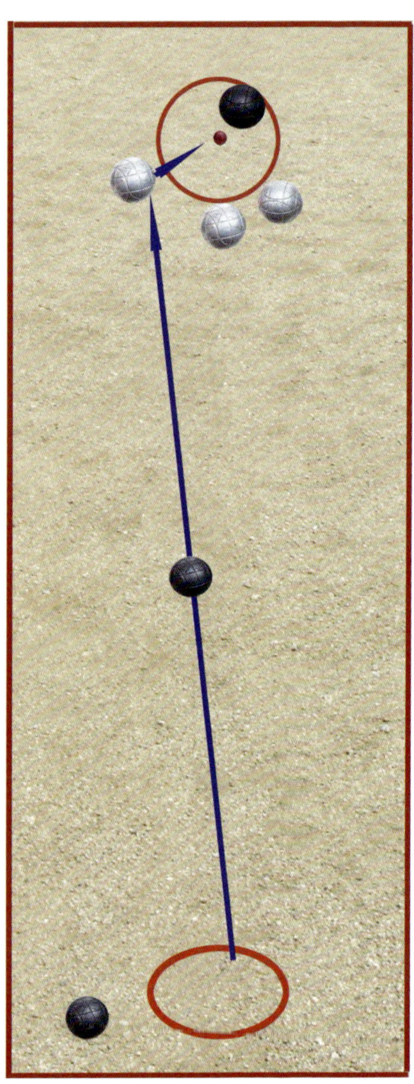

Legen, der schwierige Teil : Versuche mit deiner schwarzen-Spielkugel über die gegnerische, helle Kugel zu spielen, um mit Schwarz in den Zielkreis zu gelangen. (Le Bec)

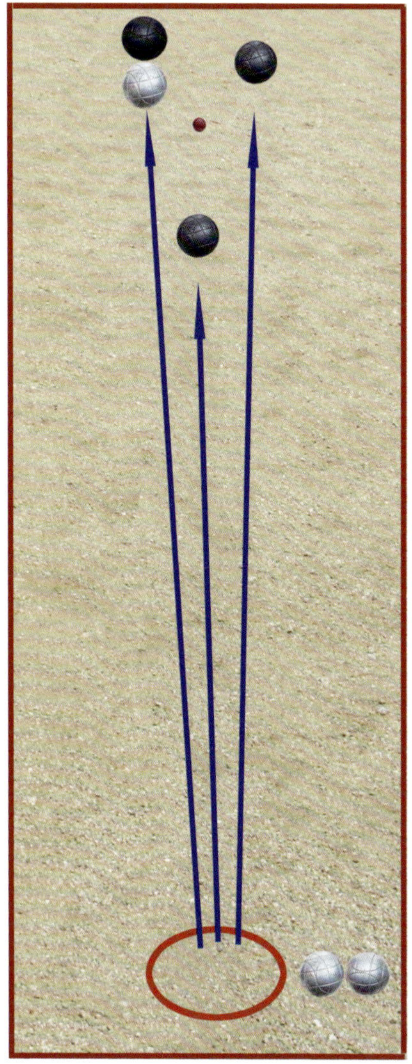

Legen, der schwierige Teil : Versuche deine hellen Kugeln direkt (devant) vor die gegnerischen, schwarzen Kugeln zu legen. Die hinteren für Punkt, die Vordere zur Verteidigung.

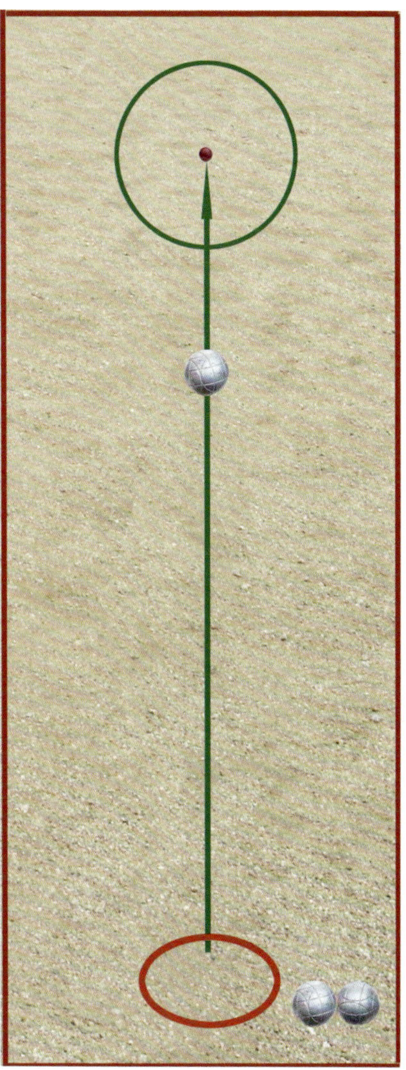

Schiessen, der schwierige Teil : Der Schuss auf die Zielkugel. Versuche die Zielkugel aus dem Kreis herauszuschiessen, oder noch besser, aus dem Spielfeld. „Der finale Rettungsschuss."

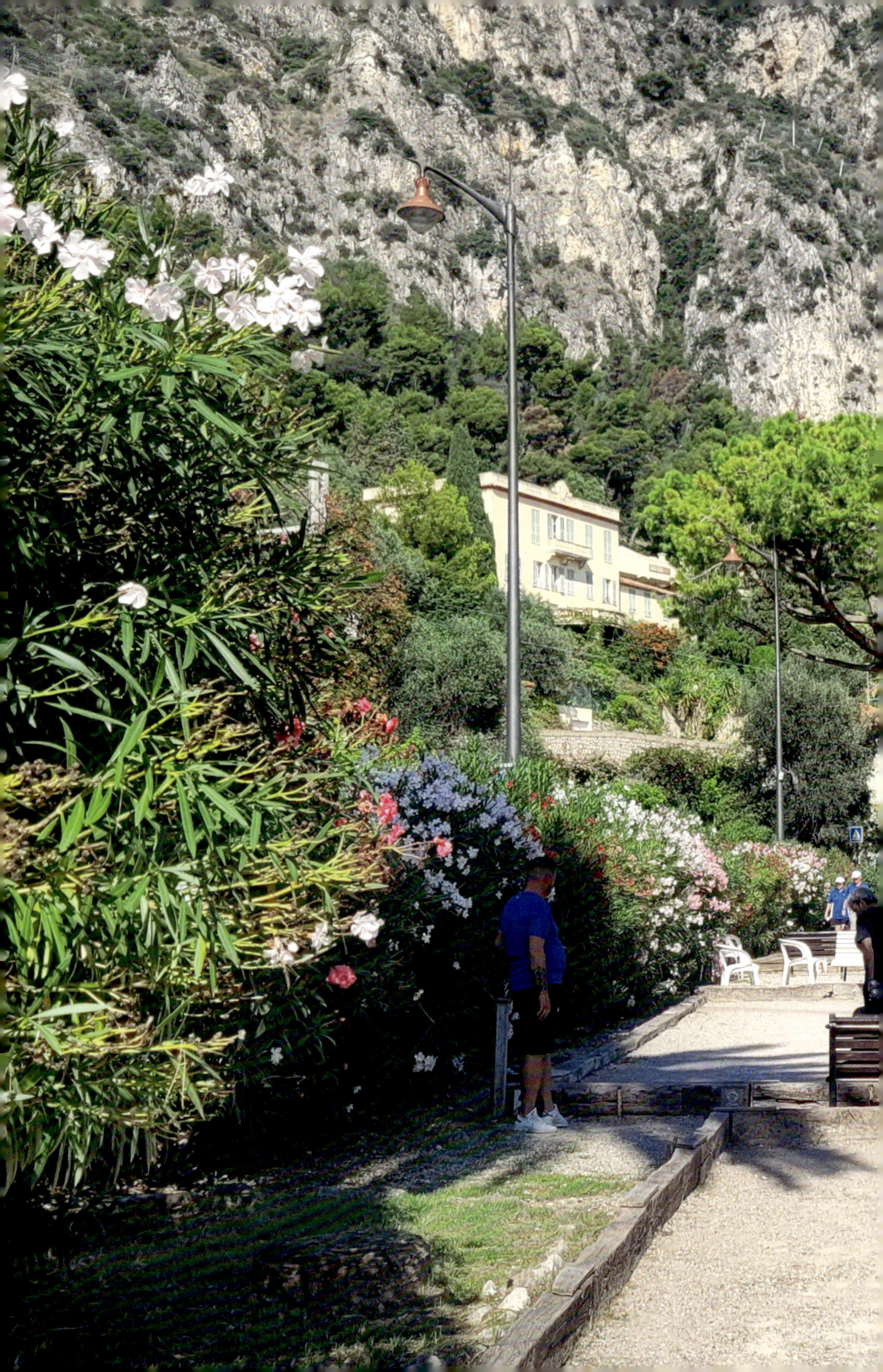

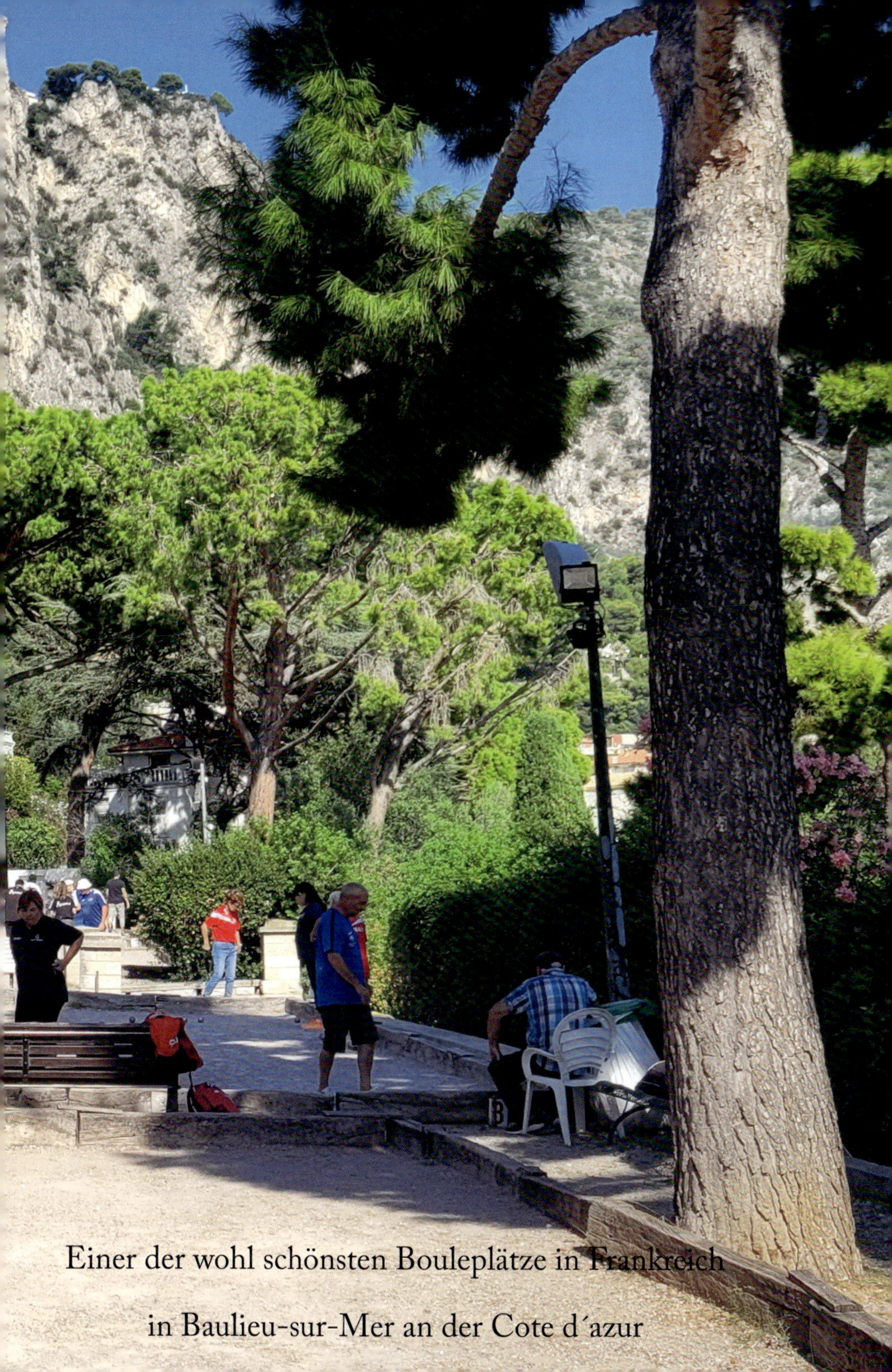

Einer der wohl schönsten Bouleplätze in Frankreich

in Baulieu-sur-Mer an der Cote d´azur

Turniere

Möchten sie über die Grenzen schauen? In die Wettkampfwelt des Boule eintauchen? Neue Spieler kennenlernen und sich mit ihnen messen? Neue Erfahrungen und Eindrücke sammeln? Neue Orte und Bouleplätze kennenlernen? – Dann sind sie auf einem Turnier genau richtig. Auf Turnieren ohne Lizenz (das steht immer in der Ausschreibung dabei, lizenzfrei) kann jeder mitspielen. Kommen sie als Team, haben sie ja schon zusammen mit ihren Mitspielern das richtige Turnier ausgewählt. Auf alle Mêlée Turniere kann man auch als Einzelspieler fahren. Als Anfänger kann man sich auch Hobby Spieler Turniere aussuchen, bei denen Lizenzspieler nicht zugelassen sind. Das erhöht natürlich die Chance auf gewonnene Spiele und motiviert für Weiteres. Oftmals laufen dann zwei Turniere parallel. Ein Hobby- und ein Ligaspieler Turnier. Wie vorn unter Mannschaften schon beschrieben werden Turniere als Tête à Tête, Doublette- und Triplette formee ausgeschrieben. Weiterhin gibt es Mixte (Frau/Mann), Ladys (Frau/Frau), Jugend und Ü 55 Turniere. Außerdem können Doublette u. Triplette Turniere in Melee oder Supermelee stattfinden. Die Ausschreibungen der Turniere finden sie bestimmt im Netz. Dazu kann man sich die Seiten der umliegenden Boule Vereine ansehen, die meist eine entsprechende Kategorie haben, oder einfach Datum und Boule Turnier eingeben und sehen, was sich findet. Alle größeren Turniere finden sie auf den Seiten der jeweiligen Landesverbände oder auf petanque-turniere.de

Haben sie ein Turnier entdeckt, bei dem sie gerne mitspielen möchten, werden sie auf der Ausschreibung folgende Angaben finden. Name des Turniers, Zeitpunkt und Ort, Einschreibeschluss (bis dahin müssen sie sich bei der Turnierleitung eingetragen und ihr Startgeld bezahlt haben), Art des Turniers, Doublette 2:2. Triplette 3:3 etc. und der Turniermodus ABCD

BORNHEIM BOULES / 1. Nocturne am 18.Mai

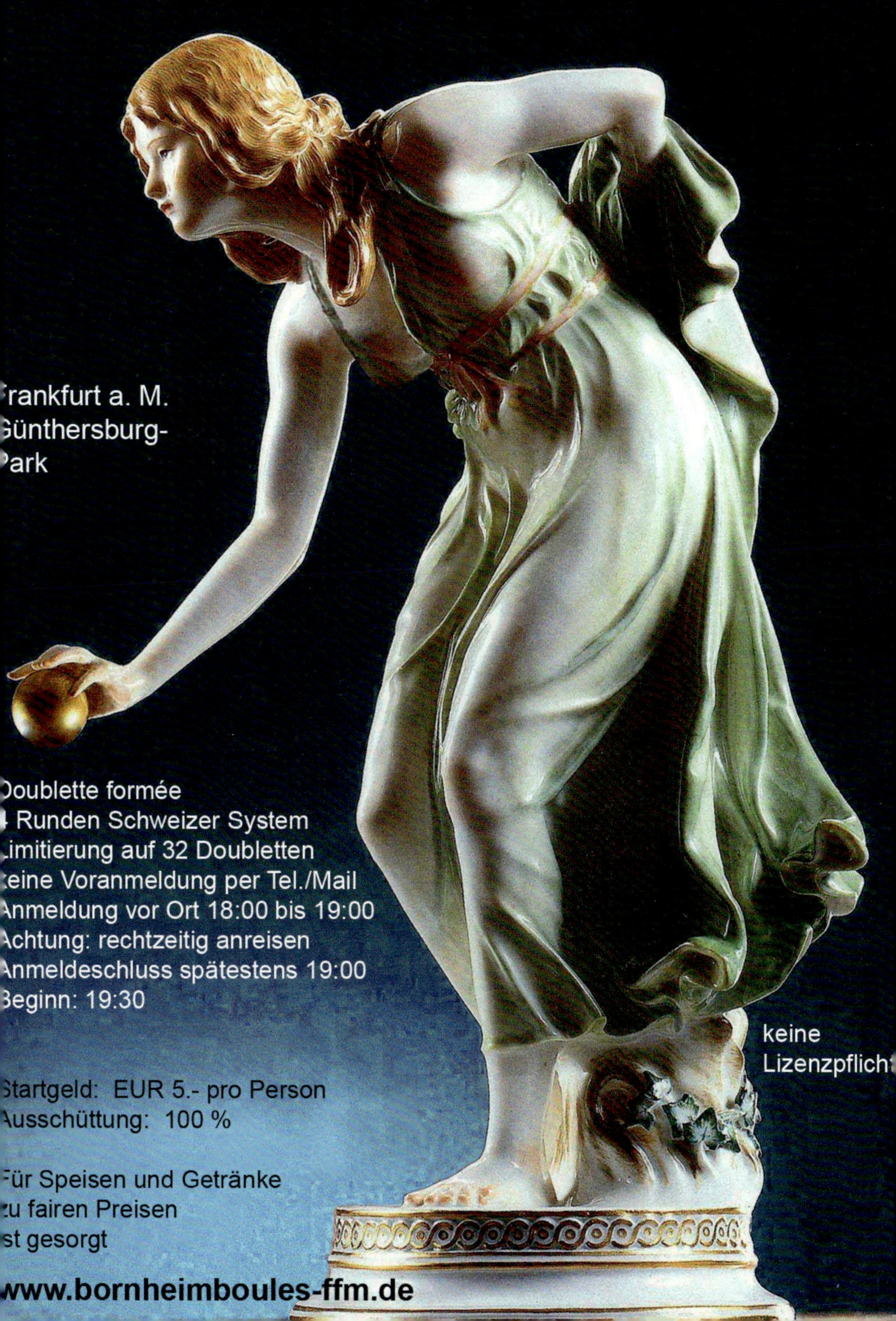

ko, ABC ko, Schweizer System. Die Erklärung dazu finden sie im folgenden Kapitel. Dann wird noch die Höhe des Startgeldes angegeben, und z.B. Ausschüttung 100 % Cash, was heißt, dass das komplette Startgeld auf die späteren Sieger prozentual verteilt wird. Bei kleineren Turnieren gibt es auch oft andere Modi. Der Verein konnte einen Sponsor finden, Preise kann es dann auch für jeden Teilnehmer geben. Geschenke, Wein, und Blumen für die Frauen. Zu Bedenken ist, dass so ein Turnier, je nach Modus und Teilnehmerzahl, schon einmal 10 Stunden und länger dauern kann. Das ist eine lange Zeit, abgesehen von der An– und Heimfahrt. Ein Problem sind dann häufig auch die langen Wartezeiten zwischen den Spielen. Es gibt in einer Runde immer Spiele, die schnell fertig sind, aber auch solche, die sich lange hinziehen. Die nächste Runde kann aber erst angefangen werden, nachdem die Gegner für die kommende Runde feststehen. Meist findet sich in den Pausen Zeit für Gespräche, Essen, Beobachten, oder eine kleine Partie zwischendurch - zum warmbleiben.

Für jeden Spieler und jede Spielstärke gibt es bestimmt ein passendes Turnier in erreichbarer Entfernung. Machen sie einfach einmal mit und sie werden sehen, dass es richtig Spaß macht, es spannend ist und den Adrenalinspiegel hebt, man Erfahrungen sammelt, seine Leistungen besser einzuschätzen lernt, Glücksgefühle findet und manchmal auch im Nachhinein feststellt, dass das verlorene Spiel das Beste war.

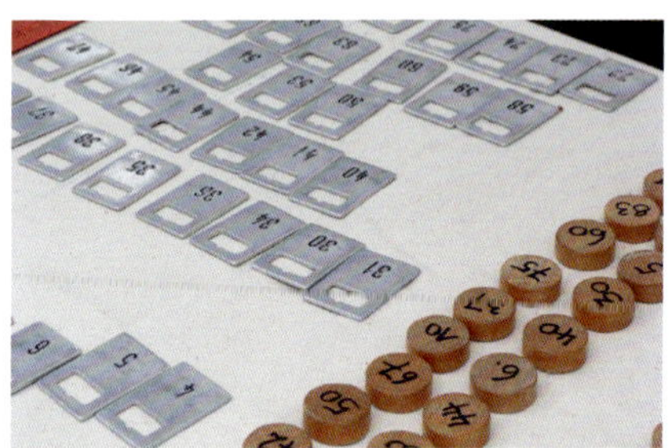

Auslosung und Bahnvergabe durch die Turnierleitung

Turnier Modi.

Was heisst nun eigentlich ACBD k.o., Schweizer System, oder Cadrage und wie funktioniert das? Am Anfang wird man erst einmal von der Menge der neuen Bezeichnungen erschlagen und lässt sich vielleicht einfach mittreiben. Die Turnierleitung wird schon wissen was zu tun ist und mich aufrufen. Das stimmt (meist), aber die unterschiedlichen Systeme sind auch kein Hexenwerk und wer schon einmal eine Fußball WM genauer mit verfolgt hat, kennt schon ein Pool System mit Vorrunde. Im französischen heißt das dann Poule. Hier stelle ich ihnen die gängigen Versionen einmal vor.

ACBD k.o. – vier Buchstaben, vier Gruppen (Poules), ok. Wie kommt man wohin? Wer in welchem Poule spielt entscheidet sich während der ersten zwei Spiele. Vor Beginn werden alle Teams in einen Topf geworfen und die Glücksfee entscheidet bei der Auslosung, wer gegen wen spielt. Die Gewinner der ersten Partie spielen untereinander, in der nächsten Runde, die Teilnehmer des A und des B Poules aus. Wer zweimal gewinnt ist in A, wer das erste gewonnen und das zweite dann verloren hat, ist in B. Wer in der ersten Partie verloren hat spielt in C oder D. Wie oben auch entscheidet das zweite Spiel darüber. Das erste Spiel verloren, das zweite gewonnen, erreicht den C Poule. Wer beide verliert spielt in D. Egal wie es also ausgeht, nach den ersten beiden Spielen ist man noch mit dabei. Danach fangen allerdings die k.o. Runden an. Wie bestimmt schon vermutet, k.o. heißt, wer verliert ist raus. Um jetzt eine Endrunde weiter spielen zu können, braucht man eine bestimmte Anzahl von Mannschaften, sonst geht das nachher nicht auf. Zwei Teams für das Finale, vier Teams für das Halbfinale, acht Teams für das Viertelfinale, 16 Teams für da Achtelfinale u.s.w.. Meist haben sich natürlich nicht genau die richtige Anzahl von Teams angemeldet. Deshalb wird nach den zwei Vorrundenspielen, bei denen es um die Aufteilung in die Poules ging, ein Ausscheidungsspiel gemacht, wer weiter im Poule bleiben darf. Auch hier entscheidet das Losglück, einige werden Spielen müssen, andere haben Glück und ein Freilos. Diese Runde, bei der es um den Verbleib im Poule geht, nennt man Cadrage. Kleines Rechenbeispiel: 100 Teams haben gemeldet, nach der Vorrunde sind also je 25 in einem Poule. Mit 16 Teams geht es aber nur weiter. 18 Teams spielen also die Cadrage, ergibt 9 Gewinner + 7 Teams mit Freilos = 16, die dann auf dem Weg zum Finale sind. Dann sind noch vier Spiele erforderlich um den Gewinner zu ermitteln. Für dieses System müssen natürlich ausreichend Mannschaften gemeldet haben.

AB k.o. Hier werden aus allen teilnehmenden Teams Poules mit je vier Teams gebildet, die gegeneinander spielen. Nach zwei Runden ergibt sich dann immer das Ergebnis : ein Team gewinnt 2x, zwei Teams spielen 1:1, ein Team verliert 2x. Die Teams die beide gewonnen haben, kommen in den A Poule, Teams die beide verloren haben in den B Poule. Die beiden anderen Teams (mit 1:1) Spielen, müssen jetzt ausspielen wer von ihnen in A oder B kommt. Das ist dann die Barrage (Absperrung). Gewinner spielt in A, Verlierer in B. Anschließend kann es sein, dass eine Cadrage (Reduzierung auf 4, 8, 16, 32, 64) gespielt werden muss. In dieser Variante kann es also vorkommen, das eine Team mit zwei Spielen in seinem Poule ist, aber auch vier Spiele dazu benötigt. Da kann es schon mal zu einer sehr langen Pause kommen.

Diese Spielsysteme sind am Anfang des Turniers stark zufallsabhängig, da auch zu Beginn gleich zwei sehr starke Teams gegeneinander spielen müssen und der Verlierer dann keine Chance mehr hat ganz vorne noch mitzuspielen. Er kann bei den beiden oben genannten Versionen nur noch im C bzw. B Poule spielen. Gegen Ende des Turniers wird dieser Effekt jedoch abnehmen, da über mehrere Spiele hinweg der Ausleseprozess stattgefunden hat und die schwächeren Teams dann schon aus dem Spiel sind. Das wird allerdings für die im C Turnier nicht unbedingt ein Trost sein.

Das Schweizer System verfolgt einen anderen Weg um die Besten zu ermitteln. Es setzt darauf, möglichst gleichwertige Gegner gegeneinander spielen zu lassen. Dafür wird nach jeder Runde eine Rangliste erstellt und bei der nächsten Runde spielen die Teams mit den erzielten Nachbarplätzen in der Rangliste gegeneinander. Für die Wertung werden Siege und Punktedifferenzen, oder auch ein System nach Buchholzpunkten oder eine ergänzende Wertung nach Buchholzpunkten berechnet. Das ganze Verfahren ist recht kompliziert in der Auswertung, deshalb hier nur in Kürze. Zur Berechnung der Buchholzpunkte werden die durch Siege erreichten Punkte des jeweiligen Gegners erfasst. Spielt man gegen stärkere Gegner, erhält man mehr Punkte; desgl. gegen Schwächere weniger Punkte, unabhängig vom Ergebnis des Spiels. Wer also bei den fünf Runden leider zweimal verloren hat, dies aber gegen Gegner die sonst alles gewinnen konnten, bekommt deren Siege als Buchholz Punkte gutgeschrieben. Es zählen auch die Siege der Gegner gegen die man gewonnen hat. Die Anzahl der zu spielenden Runden wird vorher festgelegt. Meist sind das vier oder fünf. Auch die maximale Spieldauer kann man dabei festlegen, z.B. eine Stunde. Es wird dann angesagt, letzte Aufnahme. Bei Gleichstand nach der Aufnahme wird noch eine weitere Aufnahme gespielt um den Sieger zu ermitteln. Der Vorteil dieses Systems liegt auch darin, dass der Ablauf des gesamten Turnieres recht gut geplant werden kann und es nicht zu übermäßig langen Wartezeiten kommt. Kein Team scheidet vorzeitig aus dem Turnier aus. Dieses System gibt die Spielstärken der Teams auf den vorderen und hinteren Plätzen sehr gut wieder. Das Endergebnis im Mittelfeld ist allerdings nicht so aussagekräftig.

Rundenturnier mit Finale. Ist bei einem kleinen Teilnehmerfeld eine gute Möglichkeit. Jedes Team, oder auch jeder Einzelspieler bei Melee/Supermelee erhält eine Nummer. Aufgeschrieben werden gewonnene/verlorene Spiele und auf einer Punkteliste die Punktdifferenz. Es wird gelost, wer gegen wen spielt. Das Ergebnis wird dann in die Liste eingetragen. Beim Endstand von 13:10 erhalten die Sieger auf ihre Nummer einen Sieg gutgeschrieben und drei Punkte auf der Punkteliste (Differenz). Die Verlierer -1 in der Spielliste und -3 auf der Punkteliste. Nach drei Runden wird die Liste ausgewertet. (**Maastricht - System**) Anschließend werden die Finalrunden gespielt. Je nach Teilnehmerzahl und vorheriger Absprache können das die besten 4, 8, 16 oder 32 Teams/Einzelspieler sein. Die Einzelpaarungen in der Finalrunde kann man entweder wieder losen, oder aus den erzielten Ergebnissen ableiten. Erster gegen den Letzten, Zweiter gegen den Vorletzten usw.

Weitere Systeme, sind meist Mischungen aus den oben genannten. So kann man zum Beispiel vier Runden Schweizer System als Vorrunde, mit anschließendem Finale der Besten spielen, oder auch gelost, jeder gegen jeden als Rundenturnier mit anschließender Aufteilung in ACBD. Alle großen Lizenz Turniere im In- und Ausland werden allerdings im Poule System gespielt.

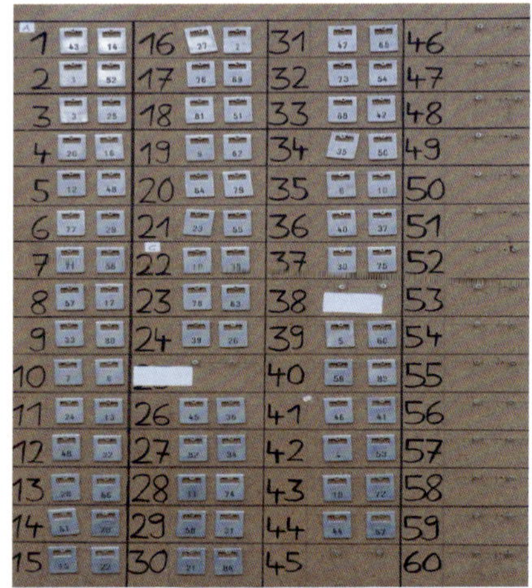

Auslosung und Bahnverteilung

Liga und Meisterschaften

Auch im Boule hat sich ein Liga Spielsystem etabliert. Das Liga Spiel ist ein Spiel der Vereinsmannschaften, im Gegensatz zu Ranglistenturnieren oder andern Meisterschaften. Es wird als Mannschaft mit 6 – 9 Spielern gespielt. Alle Spieler müssen eine Lizenz besitzen und ein Mannschaftstrikot tragen.. Die Vereinsmannschaft spielt an einem Ligaspieltag gegen eine bis drei andere Mannschaften. Es werden zwei Tripletten und drei Doubletten mit gleicher Aufstellung gegeneinander gespielt. Die Mannschaft muss also mindestens aus sechs Spielern bestehen. Pro Spiel ist es erlaubt einen Spieler auszutauschen. Deshalb reisen die meisten Mannschaften mit Ersatzspielern an. In höheren Liegen muss darunter mindestens ein Spieler eines anderen Geschlechts sein, da ein Doublette Mix und ein Triplette Mix zum Spielprogramm gehören. Fünf Frauen und ein Mann kommen allerdings recht selten dabei vor. Ein Spiel gegen eine andere Mannschaft besteht folglich aus fünf Spielen und kann so nie unentschieden ausgehen. Pro gewonnenes Spiel erhält die Mannschaft einen Punkt. Gewertet werden gewonnene Begegnungen, Spieldifferenz und, wenn notwendig, die Unterbewertungspunkte. Die oberen Liegen werden an vier bis fünf Spieltagen ausgetragen bei denen meist 10 bis 12 Mannschaften pro Ligastufe anwesend sind. Es gibt keine Rückspiele. In den unteren Liegen können die Landesverbände auch mehr Spieltage ansetzen. Die Saison beginnt Ende März und endet im Oktober. Die höchste deutsche Liga ist die Bundesliga. Darunter kommen die obersten Ligen der einzelnen Landesverbände, die jedoch nicht identisch bezeichnet sind.

Wer schon einmal in einer Liga mitgespielt hat, weiß, dass in der Liga andere Regeln herrschen und sich das Spielen in der Liga von anderen Turnieren unterscheidet. Nicht nur, weil hier die Mannschaft als Ganzes im Vordergrund steht und sich das Ziel eines Aufstiegs in eine höhere Liga als Projekt über mehrere Jahre hinziehen kann, sondern auch, da erfahrungsgemäß der mentale Druck über die Saison hin grösser ist. Es gibt zusätzlich Erwartungen der anderen Mitspieler und des Trainers und wie bei allen Turnieren, die in mehreren Durchgängen gespielt werden, steigt der Erfolgsdruck. Ein nicht gut gelaufenes Tagesturnier kann man leicht verschmerzen. Ein schlechter Ligatag kann die ganzen Hoffnungen für das Jahr zunichte machen. In einer Liga spielen relativ gleichwertige Mannschaften gegeneinander und die Mannschaften können so ihre spielerische Entwicklung gut nachverfolgen.

Auch die Landesverbände tragen Qualifikationen und Turniere mit Ranglistenpunkten aus. Über Ranglistenturniere können sich Einzelspieler und Teams Punkte erkämpfen, die z. B über eine Aufstellung im Landeskader entscheiden können, oder über einen Startplatz bei den deutschen Meisterschaften. Die deutschen Meisterschaften werden jährlich ausgetragen. Es werden deutsche Meister in Doublette, Triplette, Doublette Mixte, Tete a Tete und Trieur, Triplette + 55 und Triplette Frauen ermittelt. In den Landesverbänden werden dazu Ausscheidungen zur deutschen Meisterschaft gespielt. Jeder Landesverband hat ein Kontingent an Startplätzen, das er mit Qualifikanten und gesetzten Spielern auffüllen kann. Diese treten dann bei der deutschen Meisterschaft an und spielen um Titel und Plätze.

Der deutsche Petanque Verband veranstaltet jährlich einen Deutschen Länderpokal, der seit 1992 ausgetragen wird. Hier treten Auswahlmannschaften der 10 Landesverbände gegeneinander an, die dann in zwei Gruppen, jeder gegen jeden spielen. Die beiden ersten spielen dann über Kreuz gegen die Gruppenzweiten der anderen Gruppe. Die Gewinner anschließend das Finale. Jede Mannschaft besteht aus fünf Tripletten (zwei Senioren- und je ein Junioren-, Frauen- und Jugendteam). Die einzelnen Landesverbände tragen ihre Qualifikation dazu mit unterschiedlichen Richtlinien aus.

Auf den Webseiten der einzelnen Landesverbände, oder des deutschen Petanque Verbandes können sie diese nachlesen.

Bundesliga			
Landesverband Hessen	Landesverband Baden - Würt.	Landesverband NRW	Landesverband Nicdersachsen
1. Hessenliga	Ba.-Wü. Liga	NRW Liga	Nieders. Liga
2. Hessenliga	Regionalliga	Regionalliga	Regionalliga
3. Hessenliga	Oberliga	Bezirksliga	Bezirksoberliga
4. Hessenliga	Landesliga	Bezirksklasse	Bezirksliga
	Bezirksliga	Kreisliga	Kreisliga

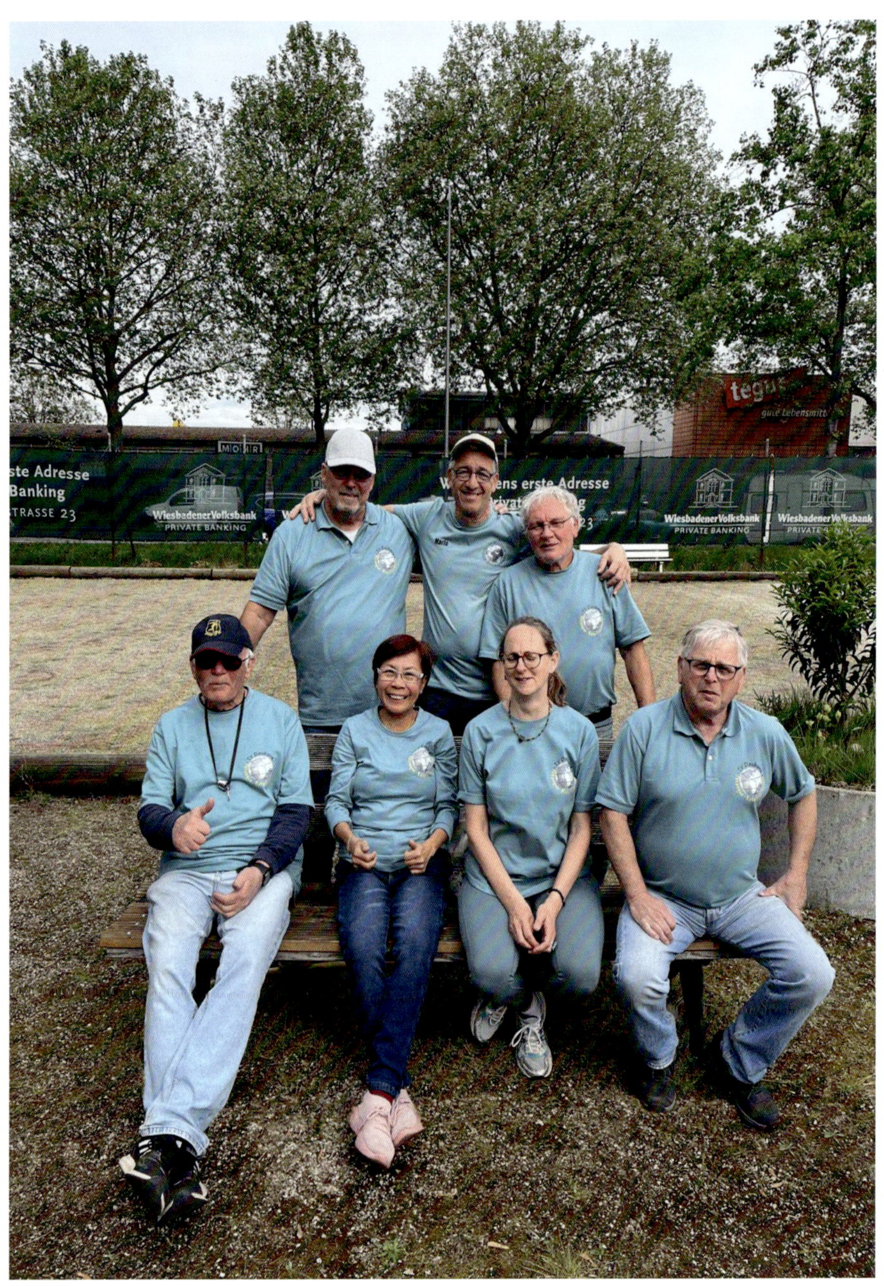

Das Liga - Team X

Lizenzen

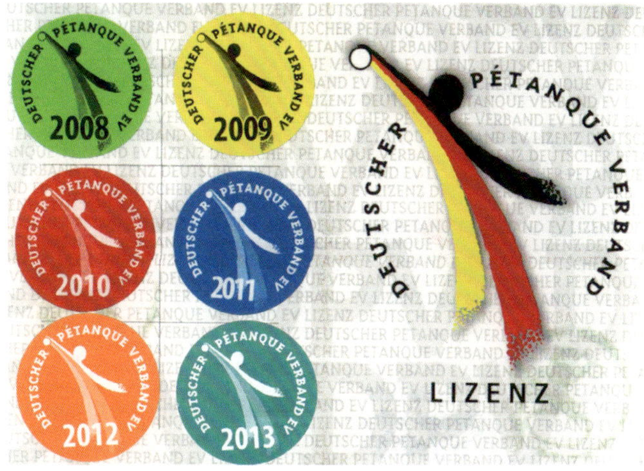

Ja, wofür braucht man eigentlich eine Lizenz. Natürlich um bei offiziellen Lizenzturnieren mitspielen zu können, aber das ist nur ein Argument für eine Lizenz. Es gilt auch, aktiv einen Beitrag zu leisten. Die Lizenz ist die Eintrittskarte für Spiele auf Verbandsebene, Ligaspiele, nationale und internationale Meisterschaften. Eine Lizenz kann jeder beantragen der in einem Boule Verein Mitglied ist. Anders als viele vielleicht vermuten, ist dabei die Spielstärke des Einzelnen davon völlig unabhängig. In Frankreich ist das z.B. anders geregelt, dort gibt es drei ver schiedene Qualifikationsstufen für die Spieler.

Alle Lizenzen sind in Deutschland gleich, vom Hobbyspieler bis zum Nationalspieler haben alle die Gleiche. Die ausgestellte Lizenz ist weltweit gültig. Auch deshalb darf jeder Spieler auch nur eine Lizenz besitzen. Sie beinhaltet gleichzeitig eine Versicherung des Spielers. Natürlich ist so eine Lizenz mit Kosten verbunden. Der Verein kauft für jedes Kalenderjahr die entsprechenden Marken, die dann in das Lizenzheft eingeklebt werden. Der Unkostenbeitrag für die Landesverbände ist auch mehr als nötig um die vielschichtigen Aktivitäten innerhalb der Landesverbände teilweise damit finanzieren zu können.

Verein und Verbände

Wie in fast allen Sportarten ist auch das Boule unter einem Dachverband, mit den einzelnen Landesverbänden zusammengefasst. Der deutsche Pètanque Verband ist wiederrum Mitglied in der europäischen C.E.P. (Confèdèration Europèenne Pètanque) die auf europäischer Ebene agiert. Der Weltverband ist die F.I.P.J.P (Fèdèration Internationale de Pètanque et Jeu Provencal).

Der Boule Verein ist ein Zusammenschluss von Interessierten. Wie es schon seit alters her heißt. Sieben Freunde sollt ihr sein – und ein Anwalt – und schon kann man einen Verein gründen. Sich so offiziell innerhalb eines Vereins unter Gleichgesinnten zusammen zu schließen, wird nicht aus dem Sinn der berühmten deutschen Vereinsmeierei heraus geboren, sondern hat, neben dem zwanglosen Spiel auch klar definierte Ziele, Aufgaben und Verpflichtungen. Der Verein ist sozusagen die Keimzelle aller übergeordneten Organisationen und auch deren grundlegendstes Entscheidungselement für alle Satzungsinhalte. Sie stellen die Spieler für die nationalen und internationalen Kader und Wettkämpfe und bilden mit ihren Beiträgen die finanzielle Basis der Landesverbände. Sie melden Ligamannschaften und Einzelspieler für die Qualifikationen und Ranglisten und richten Turniere aus. Durch das vielseitige Engagement in den Vereinen werden immer mehr interessierte, neue Boulespieler gewonnen. Neue Bouleplätze und Spielmöglichkeiten angelegt und Boule in der Öffentlichkeit publik gemacht. Im Verein werden Trainingstage angeboten, die Jugend gefördert, Turnier- und Ligawettkämpfe organisiert, Zusammenhalt und Integration geschaffen und vieles mehr. Im Verein hat man die Möglichkeit neue Spieler zu treffen, seine Technik und sein Spiel zu verbessern und neue Kontakte zu knüpfen. Viele Vereine bieten auch offene Trainings- und Turniertage an, bei denen jeder mitmachen kann. Meist kann man Kugeln kostenlos ausleihen und einfach erst einmal einfach mitmachen.

Die Verbände bilden Trainer und Schiedsrichter aus und schulen die Talente, die den Sport in den Auswahlmannschaften repräsentieren. Sie helfen den Vereinen mit Informationen, ob es nun Trainingsinhalte, die Ausrichtung eines Turnieres oder der Bau einer Bouleanlage ist. Außerdem helfen sie mit ihrer vielschichtigen Öffentlichkeitsarbeit den Boule Sport bekannter zu machen. So ist es erklärtes Ziel, nicht nur den olympischen Gedanken zu leben, sondern auch in absehbarer Zeit olympische Disziplin zu werden.

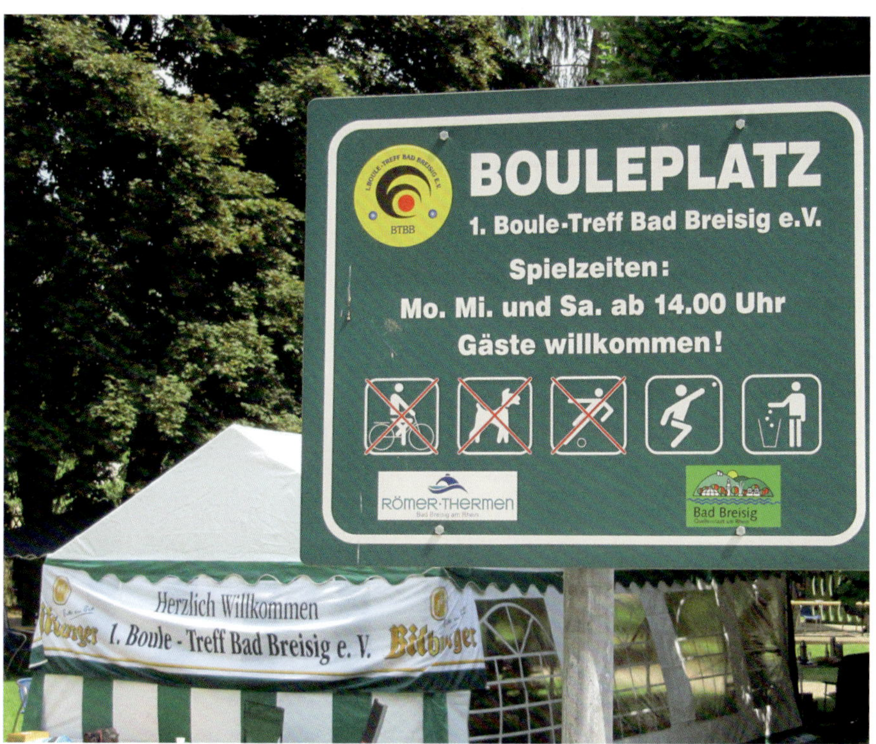

Der Schiedsrichter

Ein Schiedsrichter ist bei allen offiziellen Ranglisten-, Liga-, Meisterschafts- und Pokalturnieren anwesend. Er überwacht den Verlauf des Turniers und der Auslosung, prüft die Lizenzen der Spieler vor Turnierbeginn und überwacht die Einhaltung der Sportordnung. Natürlich ist er auch dazu da, Regelverstöße zu ahnden, was aber in der Praxis nur sehr selten vorkommt. Boule ist ein sehr kommunikativer Sport und die Teams einigen sich meist untereinander und räumen die auftretenden Probleme selbst aus dem Weg. So ist während des Spiels das häufigste Einsatzgebiet des Schiedsrichters, das Nachmessen der Kugelentfernungen, um mit seiner Entscheidung ein eindeutiges Ergebnis liefern zu können. Die dabei getroffene Entscheidung des Schiedsrichters ist bindend, egal ob richtig oder falsch. Deshalb ist es am besten den Schiedsrichter messen zu lassen, sich dabei einige Meter entfernt zu stellen und die Entscheidung einfach abzuwarten. Wenn man den Schiedsrichter zum Nachmessen der Kugeln ruft, hat man jedes Mitspracherecht abgegeben. Es ist also sinnlos, mit über das Maßband zu schauen, oder eine Diskussion anzufangen. Selbst wenn er eine Kugel während des Messens versehendlich verschiebt, entscheidet er nach seinem vor dem Messen gewonnenem Eindruck der Situation. Er entscheidet immer nach der Situation die er auf dem Spielfeld vorfindet. Verschobene Kugeln werden von ihm als liegende Kugeln angesehen, falls ihre Lage nicht vorher markiert wurde. Deshalb ist es sinnvoll Kugeln zu markieren, da nur dann, bei Bedarf, eine Kugel auf ihren ursprünglichen Platz zurückgelegt werden kann. Bei Gewitter oder Unbespielbarkeit des Platzes kann er das Turnier unterbrechen.

Schiedsrichter werden von den jeweiligen Landesverbänden ausgebildet und sind an ihrer meist einheitlichen Kleidung erkennbar. Um auf eine ausreichende Anzahl von Schiedsrichtern zurückgreifen zu können, muss jeder in einer Liga vertretene Verein mindestens einen Schiedsrichter stellen. Auch der Deutsche Petanque Verband hat eigene Schiedsrichter, die bei internationalen Wettbewerben eingesetzt werden können.

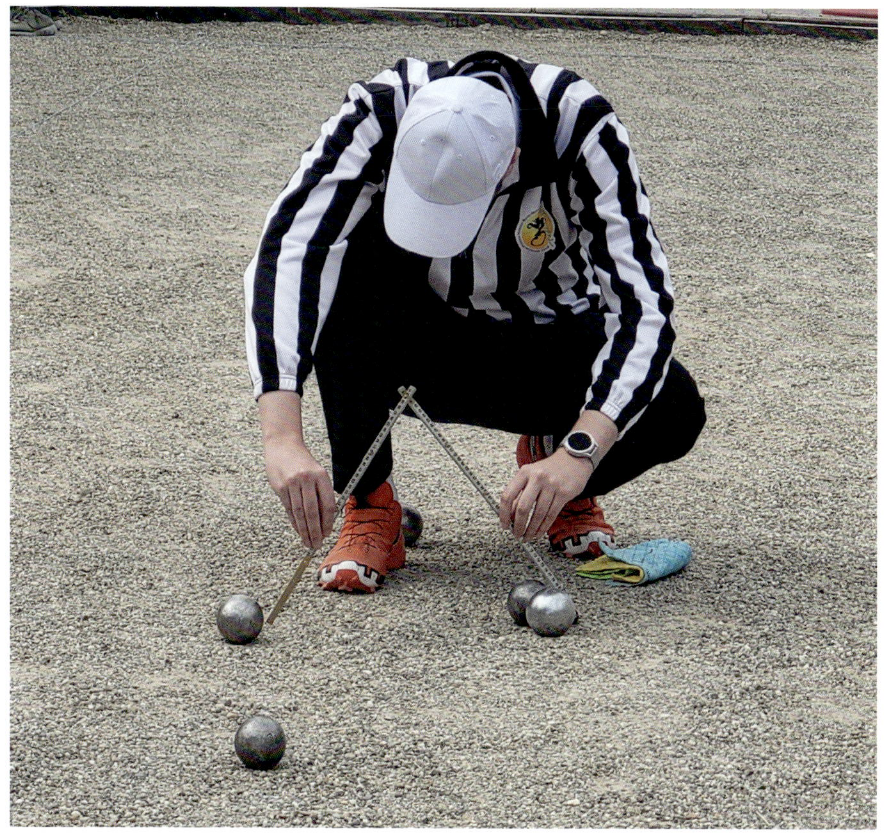

Der Schiedsrichter im Einsatz bei einer schwierigen Messung

Boule im Internet - nützliche Adressen

www.bouleforum.de
www.ptank.de

Deutscher Petanque Verband eV.

https://deutscher-petanque-verband.de/

hier finden sie auch die Seiten der jeweiligen Landesverbände mit ihren Informationen. Sowie die offiziellen Regeln.

https://www.youtube.com/@DPVvideo/playlists

Federation internationale de Petanque et Jeu Provencal F.I.P.J.P.

www.fipjp.com

Petanque TV
mit interessanten Ausschnitten und Finals aus großen Turnieren.

www.petank.tv

- oder Petanque bei YouTube

www.youtube.com

Bouleartikel und Zubehör

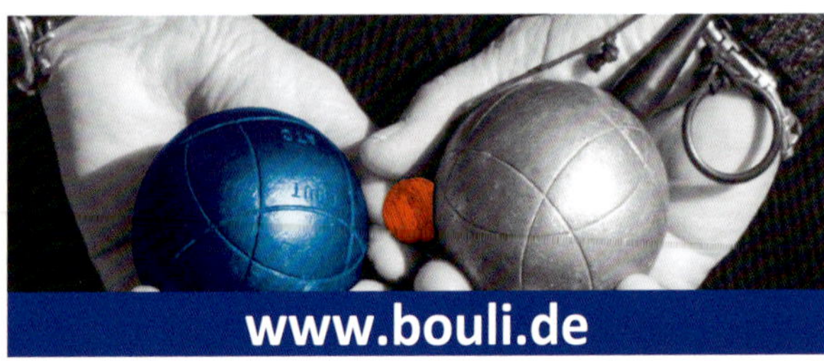

Bouli.de www.bouli.de
Boule au fer www.bouleaufer.de
Boules Matz www.boulesmatz.de
Boule-Maus www.boule-petanque.de
Boule Partner www.boule-partner.de
Boule.ch www.boule.ch

Kleines Boule Lexikon

arbitre	Schiedsrichter
arrière	hinten - Bezeichnung für den Spieler im Team, der im Normalfall die letzten Kugeln spielt, meist der Tireur.
assommer	Mit extrem hohem Bogen die Kugel spielen
au fer	Auf Eisen - Schusskugel trifft direkt, ohne vorher auf dem Boden aufzusetzen
Aufnahme	Teil einer Partie. Beginnt mit dem Wurf der Zielkugel und endet wenn alle Spielkugeln geworfen wurden.
barrage	Entscheidungsspiel zur Qualifikation zur Hauptrunde in einem Wettbewerb
bâtard	Unangenehm liegende Kugel
bec	Benutzen einer Kugel, die bereits im Spiel liegt, als Bande
biberon	Zielkugel und gespielte Kugel berühren sich, wörtlich Schnuller
bouchon	Zielkugel, Schweinchen oder Sau, wörtlich Korken
boule	Kugel
boulodrome	Künstlich angelegtes Spielgelände mit dauerhaft abgegrenzten Bahnen
but	Ziel
cadrage	Ausscheidungsspiel
caree	Spielfläche, die durch Auslinien abgegrenzt ist
carreau	Volltreffer, die Schusskugel ersetzt im besten Fall die geschossene (carreau sur place)
carré d'honneurs	Herausgehobene Spielbahn auf einem Boulodrome, zum Beispiel fürs Turnierfinale
casquette	Treffen einer Kugel von oben, „auf die Mütze"
cochonnet	Ziel (Schweinchen)

concours	Wettbewerb
défendre le point	Gut gelegte Kugel durch Schießen verteidigen
démarquer	Sich selbst einen sicheren Punkt kaputt machen
demi-portée	Halbbogen
devant	1. Bezeichnung für den Spieler im Team (meist der Pointeur), der im Normalfall die ersten Kugeln spielt 2. Kugel, die direkt vor einer gegnerischen liegt und deshalb vom Gegner nur schwer aus dem Spiel geschossen werden kann.
donnée	Aufschlagpunkt (vorne)
doublette	Zweiermannschaft
durch	Die kugel ist durchgelaufen , zu weit, macht den Punkt nicht.
effet	Einer Kugel absichtlich eine Links- oder Rechtsdrehung mitgeben
fanny	Ein zu Null gewonnenes Spiel
fer (tirer au)	Eisenschuss
galerie	Zuschauer, Publikum, vor oder für die ‚Galerie' spielen
gagné	Gewonnen: Die eben gespielte Kugel hat den Punkt gemacht
haute-portée	Hoch- portée, Wurftechnik mit hohem Bogen: Die Legerkugel setzt erst kurz vor dem Schweinchen auf dem Boden auf
kegeln	Abschätziger Ausdruck für eine gerollte Kugel
Kreis	Anwurfkreis auf dem Boden
legen	Die Kugel so versuchen zu werfen, das sie an der Zielkugel liegen bleibt
Loch	Fehlschuss
mêlée	Wettbewerbsform mit zu gelosten Partnern (wörtlich: gemischt)
mètre	Maßband, Meterband
milieu	Mittelspieler in einer Dreiermannschaft

mort(e)	Tot, Aus - alles was außerhalb der Spielfeldbegrenzung ist
nul	Bei zwei Kugeln mit gleicher Distanz zur Sau
nocturne	nächtliches Turnier
palet	Schusskugel, die nicht weit weg rollt
pétanque	Die heute übliche Variante des Boule-Spiels, bei der - ohne Anlauf - aus dem Stand gespielt wird, im Gegensatz etwa zum Jeu Provençal
plombe	Eine extrem hoch gespielte Kugel, die praktisch direkt nach der Bodenberührung liegen bleibt.
pointeur	Leger
portée	Hoher Bogen
Punkt	Ausruf, die gerade gespielte Kugel hat den Punkt
poule	Gruppe von drei oder vier Mannschaften, in der darum gespiclt wird, wer im A - oder B - Turnier verbleibt
Raclette,rafle	Flachschuss (Kratzer)
rétro	Schusskugel, die nach dem Aufprall zurückrollt
rond	Abwurfkreis
roulette	gerollte Kugel beim Legen
schießen	mit Kraft auf eine gegnerische Kugel werfen
supermêlée	Wettbewerbsform, bei der für jedes Spiel die Partner zugelost werden
terrain libre	Unbegrenztes, freies Spielfeld
tête-à-tête	Spiel zwischen zwei Einzelspielern
tir devant	Schuss vor die Kugel
tir au fer	auf Eisen treffen, direkter Schuss
tireur	Schiesser
tirette	Messgerät, Boule Zollstock (mit verschiebbarer Zunge)
triplette	Dreiermannschaft, jeder hat zwei Kugeln
zumachen	Dem Gegner den Weg zur Zielkugel versperren, oder auch das Spiel beenden

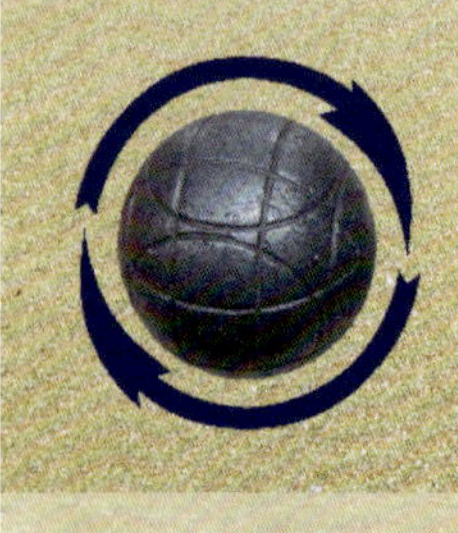

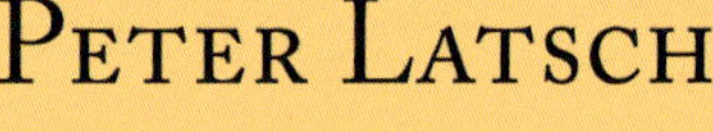

PETER LATSCH

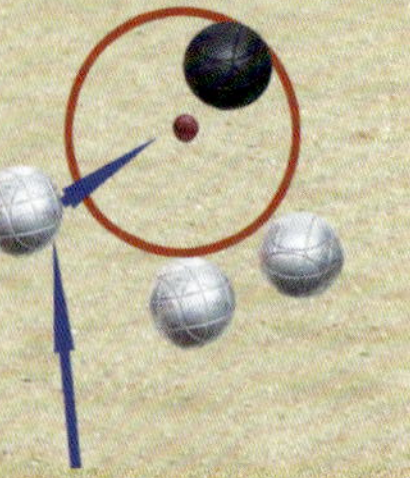

BOULE / PÉTANQUE
FÜR FORTGESCHRITTENE

Weiterführende Grundlagen für Technik und Wettkampf

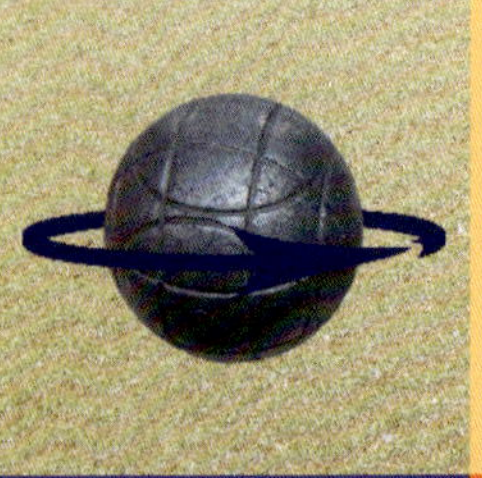

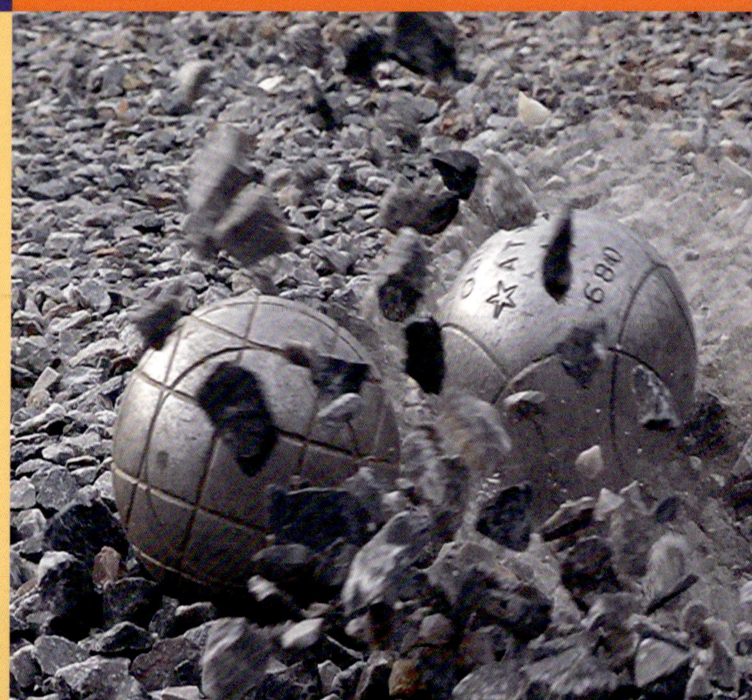

ISOTROP - VERLAG

Weitere Boule-Bücher aus dem Isotrop-Verlag

Bestellung, schnell und portofrei per Mail, an: verlag@isotrop.de

Boule / Pétanque Für Fortgeschrittene

Weiterführende Grundlagen für Technik und Wettkampf

Boule / Pétanque erfreut sich einer immer größer werdenden Anhängerschaft die, einmal infiziert vom Boulefieber, es nicht mehr lassen kann und will.

Dieses Buch liefert den Stoff, um sich im Spiel mit den Eisenkugeln weiterentwickeln zu können. Es baut auf den Grundlagen des Einsteigerbuches auf und zeigt detailliert die etwas schwierigeren Wurfvarianten und die Techniken der Effetwürfe auf.

Zu allen relevanten Kapiteln werden Bilder, Grafiken und Übungsbeispiele gezeigt. Die psychologischen und taktischen Aspekte des Spiels, als wichtiger Teil um ein erfolgreicher Spieler zu werden, haben im Buch ihren Platz erhalten, genauso wie einige persönliche Überlegungen zum Boule-Training.

Ein weiteres Kapitel befasst sich mit den Modalitäten zur Ausrichtung eines Pétanque Turnieres und was man dazu wissen sollte.

ISBN 978-3-940395-13-9

113 Seiten A5 19,90 €

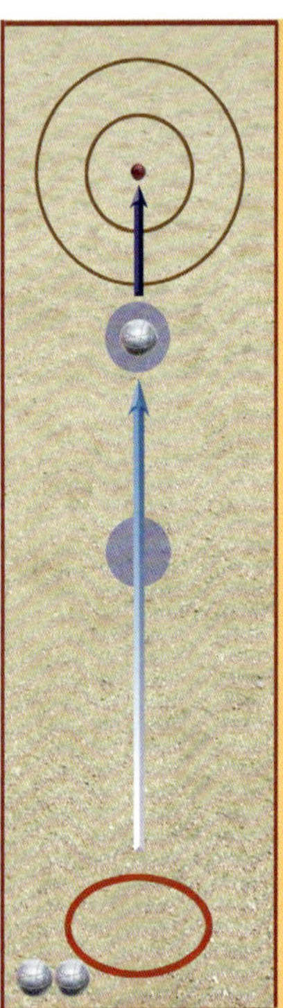

Peter Latsch

Boule / Pétanque Training

Ein Trainingsbuch für die Praxis

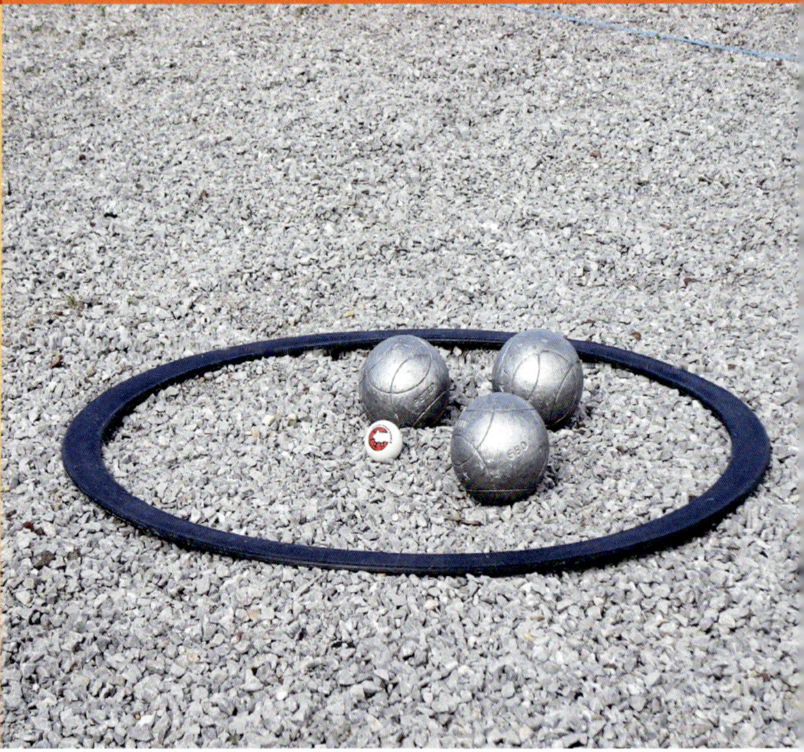

Isotrop - Verlag

Boule / Pétanque Training

In seinem dritten Buch fasst der Autor die Techniken des Boulespiels zusammen und erstellt einen Praxislehrgang für alle Leistungsstufen, in dem das technische Repertoire des Pétanque durch geeignete Übungen erlernt und kontinuierlich verbessert werden kann.

Die Übungen sind sowohl für das Individualtraining als auch für den Einsatz bei Lehrgängen und im Techniktraining und der Übungszeiten im Bouleverein, konzipiert.

Der Lehrgang umfasst 17 Übungsblätter mit je vier Aufgaben und deren Erklärungen und Auswertung in aufsteigender Schwierigkeit.

Behandelt werden Techniken des Legens und des Schießens, aber auch spezielle Übungsformen für den Milieuspieler und 12 taktische Aufgaben, die es zu lösen und zu optimieren gilt.

Abschließend gibt es vier Tests zur Ermittlung des Leistungsstandes.

ISBN 978-3-940395-18-4

80 Seiten A4   24,90 €

www.boule-kurs.de

Das Boule spezifische Training ist für jeden, der den Ehrgeiz hat, besser zu werden, die richtige Wahl. Dabei ist es erst einmal unerheblich, auf welchem Niveau das stattfinden soll. Es funktioniert immer. Boule zu trainieren heißt bestimmte Bewegungsmuster einzustudieren und zu automatisieren. Natürlich kann man sagen, das beste Training für mich ist das Spiel. Gut, wer viel spielt, wird natürlich mit der Zeit in seinen Aktionen auch besser und sicherer, keine Frage. Wer auch im Trainingsspiel die Ernsthaftigkeit, Konzentration und den Anspruch eines Wettkampfspiels hat, trainiert wirklich.

Nur, was soll man trainieren und wie? Was mache ich falsch?
Was möchte ich erreichen?
– technische Verbesserung
– Stabilisierung meines Bewegungsablaufes
– taktisches Training
– bessere Konzentration
– konkrete Saisonvorbereitung

Wenn man sich entschlossen hat zu trainieren, ist es grundsätzlich besser, dies in der Gruppe zu tun. Erstens macht es dann mehr Spaß, zweitens gibt es von anderen Feedback, Kritik und Ideen. Im Einzeltraining kann man sich voll auf eine Sache konzentrieren. Für eine kurze Phase ist das optimal, für eine Stunde gleichförmigen Übens sind es 40 Minuten zu lang. Auch für den Schießer macht es wenig Sinn, eine Stunde konsequent auf sieben Meter zu schießen. Abwechslung ist also angesagt. Auch schon deshalb, damit man nicht nur das trainiert, was man sowieso schon kann, sondern auch das eher Ungeliebtere, mit dem man vielleicht nicht so zurechtkommt.

Als Boule-Spieler wird man besser, wenn man universeller wird und ein wirklich guter Spieler, wenn man technisch/taktisch in allen Belangen gut und psychisch stabil ist.